原発事故後の子ども保養支援

「避難」と「復興」とともに

Kasumi Hikita
疋田香澄

人文書院

原発事故後の子ども保養支援　目次

原発事故後の子ども保養支援——「避難」と「復興」とともに

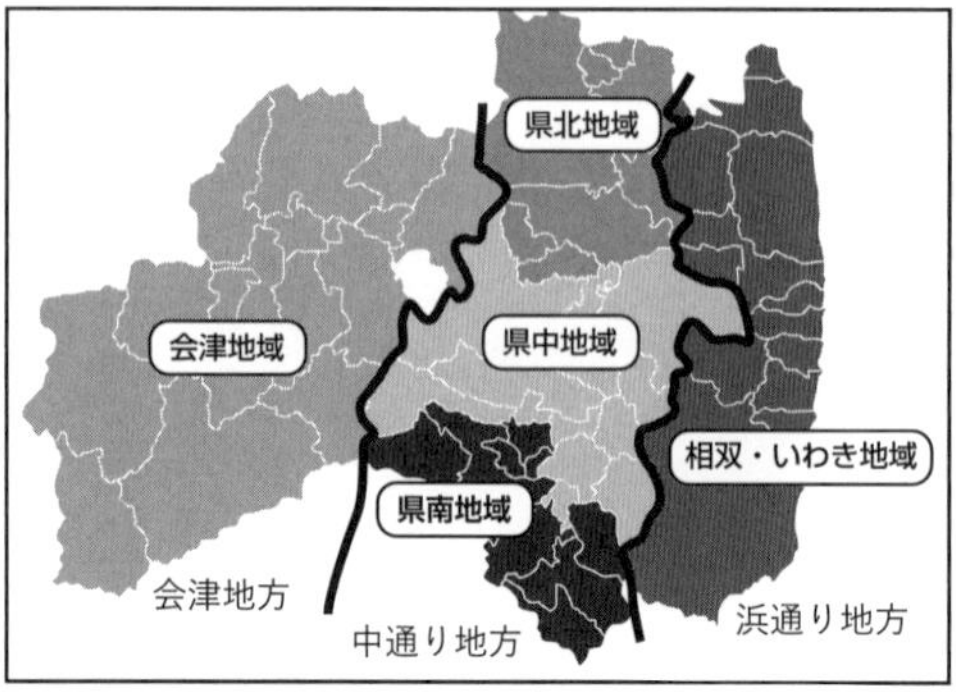

地図１　福島県の地方

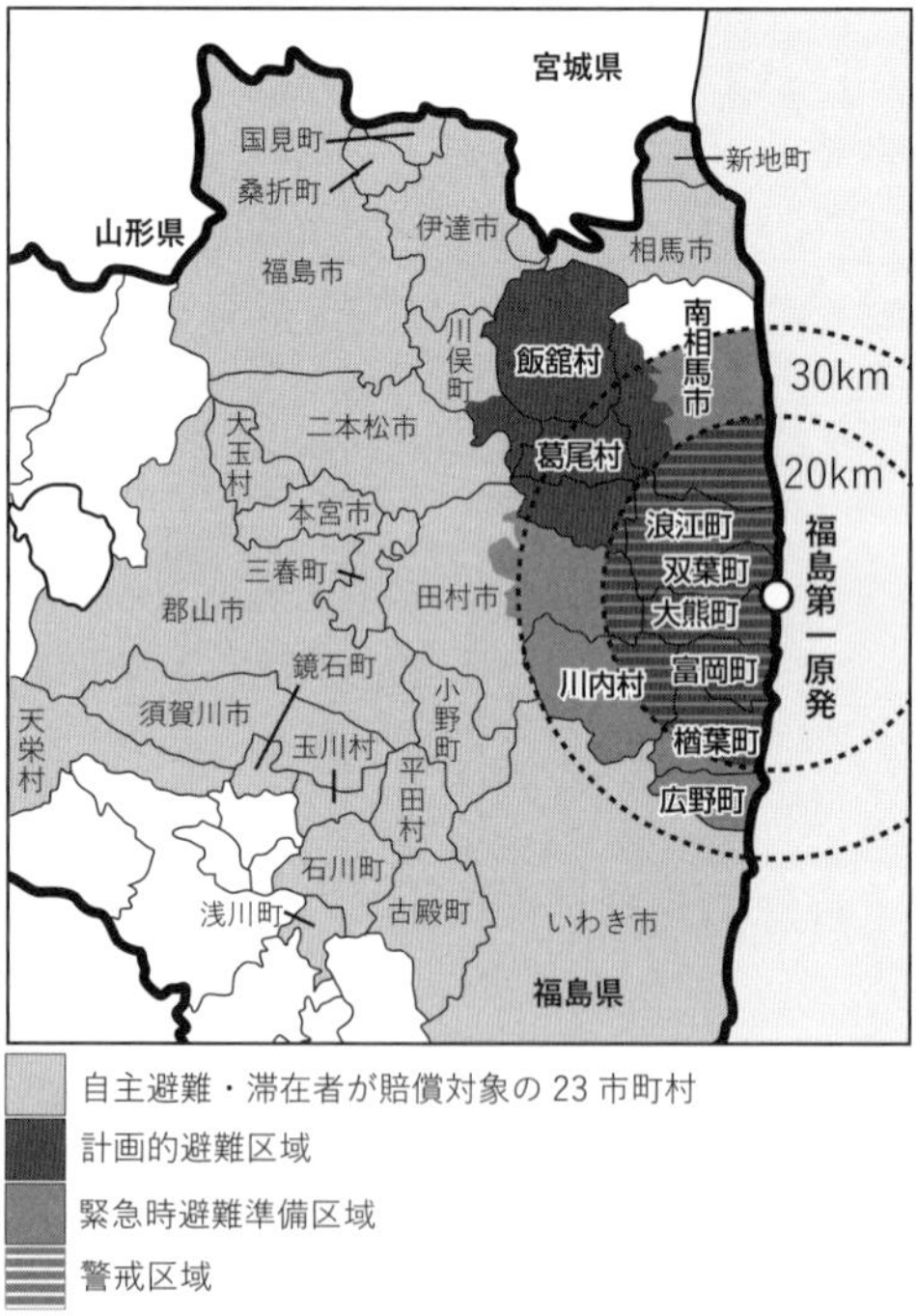

地図２　避難等対象区域（2011 年 9 月時点）と
自主的避難等賠償対象地域（2012 年 3 月時点）

はじめに

利益《ベネフィット》・便益なきリスク

「煙草の副流煙は拒否できるのに、なぜ原発事故由来の放射性物質を拒否したらワガママだと言われるんですか。原発事故で私が何を得したんですか」

その言葉を電話口で聞いたのは、二〇一一年春のことだった。そのとき、私は被災地向けに支援施設情報を提供するボランティア活動をしていた。そこに電話をかけてきた、郡山市に住む妊婦さんが絞りだすように言ったのが冒頭の言葉だ。

避難や防護などを行って日常を失うよりは、余計なことを考えず安心して生活したほうがよい。当時は私もそう考えていたので、無意識に相手を説得しようという態度を取っていたのかもしれない。しかし電話の向こうから伝わってくる声の震えに触れてハッとさせられた。

彼女が伝えたかったメッセージはおそらく次のようなことだろう。煙草を吸う人はそれによる快楽というベネフィット（利益・便益）を得ている。ワクチンも副作用というリスクがありながらも、免疫獲得というベネフィットを目的としている。しかし自分は原発事故から何のベネフィットも受けていないのに、なぜそのリスクを受け入れろと言われなければならないのか。押さえつけられてきた素朴な疑問と悲しみが滲みでていた。

余計なことを考えず安心して生活できることは、原発事故によるベネフィットではない。それは当然の権利なのだ。「原発事故が起きた」という非常事態は、それまでの秩序が割れてしまったような経験だった。目撃した私たちは、それらの破片を拾い集めてなんとか当事者に「日常」を取り戻させようとしていた。しかしそこからこぼれ落ちてしまった権利のかけらを、彼女は指さして教えてくれたのだった。

七年経って日常が戻ったかに見える現在でも、彼女が示してくれたような視点は重要である。それは「福島は危険だ」という意味でもなく、他人の考えを変えたいという啓蒙的な意図でもない。

原発事故が起きて、そこで生じたベネフィットなきリスクをなぜ自分が引き受けて耐えなければならないのか。その素朴な疑問への応答は、「そもそものような問いを抱えないといけないこと自体が間違っている」でしかない。「それは本来、あなたの義務ではない」としか私たちは言えないのではないだろうか。

本書について

これまで、事故後の当事者（本書において当事者とは、原発事故による汚染の影響を受けた人々を広く指す）の行動については、「避難」か「復興」かの二項対立で主に語られてきた。しかし住みつづけた人すべてが、追加被ばくを受け入れることを選んだと果たして言えるだろうか。

事故以降、保護者や子どもたちを支えてきた「保養」という支援活動がある。事故から七年経った現在も、年間延べ一万人以上が支援団体を通して「保養」に参加している。参加者は、福島県の中通り・浜通り地方の子どもや保護者が中心となっている。二〇一一年、一二年をピークに、保養の開催プログラムは年々減っているが、参加者のニーズは横ばいである。「保養」という言葉は、日本では「体を休ませて健康を養うこと」という意味で使われてきた。一九八六年チェルノブイリ原発事故のあと、「心身の健康回復を目的として汚染が少ない地域へ移動するプログラムやその施設」についての情報が日本に輸入された際に、「保養」と訳されたと推測される。チェルノブイリ法に定められた、健康増進「оздоровление（アズドラブリーニヤ）」や、サナトリウム・療養所「санаторий（サナトリー）」といった単語などが元になっている。[1] 事故後の日本でも、保養キャンプ、リフレッシュ・キャンプ、自然体験活動などさまざまな名称を用いながら活動が展開されてきた。本書では、この支援活動に焦点を当てたい。

私が今まで出会った「保養」に参加する方々は、「避難」する方々の気持ちを尊重し、同時に郷土の「復興」も望んでいた。そのうえで、選択権のない子どものために「ベネフィットなきリスクを避けたい」と自ら奔走していた。その当事者の思いや直面している現実を丁寧に読みとくことで、安易な二項対立に陥らない議論を行いたい。

本書では、さまざまな立場の方のインタビューを中心に、テーマごとに「保養」を考察していく。本書の見取り図は次のようなものである。

第1章では、そもそも「保養」とは何かを考えていく。第2章では保養参加者、第3章では保養支援者にぐっと近寄って、その考え方や背景に光を当てる。

次に、俯瞰《ふかん》的に「保養」を見ていく。第4章では、全国二〇〇以上の団体が行う保養の「課題」を、数字などを用いて明らかにし、帰還が進む中でなぜニーズがなくならないのかを示す。第5章では、保養に関する「制度と権利」について多面的に取り上げる。

そのうえで、原発事故後の複雑な状況について改めて考えていく。第6章では、保養に留まらず「原発事故について語れない」という状況を解きほぐす。第7章では、この問題をめぐる「分断」や「差別」に関する議論の整理を試みる。最後に、子どもたちのインタビューから、保養という新しい支援、選択肢とはどのようなものなのかをまとめたい。

中学生以上の方には伝わるよう分かりやすく書こうと試みたが、第5章の「制度」や第7章の「分断」「差別」など、複雑な問題についてはどうしても細かな議論が多くなってしまった。インタビュー部分のみを読んでいただくなど、それぞれに合った活用をしていただきたい。

いま改めて語るべき「権利」

私が初めて保養を運営した二〇一一年夏、福島市から長野に来た子どもたちの肌は真っ白だった。聞けばほとんど外遊びをさせていないという。

現在はモニタリングポスト[2]で毎時〇・一五マイクロシーベルト程度（平常時の三・九倍程度）まで下がっているが、最も高い二〇一一年三月一五日は毎時二三マイクロシーベルト（平常時の六〇五倍程度・県北保健福祉事務所駐車場）であった。保養を行った同年七月一日時点では、毎時一・三マイクロシーベルト（平常時の約三四倍程度）ほど。そんな状況の中、夜に行った座談会では、保護者同士が涙を流しながら悩みを打ち明ける場面もあった。後日、川遊びや農業体験を行う子どもたちの写真を保護者に送ったところ、「この夏唯一の思い出です」とお礼のメールが届いた。収穫した大根を持って笑う写真の中の子どもたちは、プログラム初日よりもほんの少し日焼けをしていた。

その二ヵ月後の二〇一一年一〇月には、福島市内でとくに放射線量が高かった渡利周辺地区の住民が、「特定避難勧奨地点指定及び賠償に関する要望」を行っている。[3]当時、福島県内では自治体によって避難の基準が異なっていた。[4]子ども・妊婦のいる世帯については、南相馬市は五〇cm高で毎時二・〇マイクロシーベルト、伊達市では毎時二・七マイクロシーベルト程度といった基準で特定避難勧奨地点の適用がなされていた。渡利地区の住民はこれと同じ基準にしたがって「避難か在住かを選択する権利」を要望したが、県庁所在地である福島市では適用が見送られた。

この七年間、「避難か在住かを選択する権利」に限らず、さまざまな権利をめぐる活動や支援が行われてきた。私は原発事故が起きた二〇一一年三月から、保養、子育て相談会、避難者支援、中間支援、測定や除染や法律相談会への協力など、「支援」を行ってきた。ボランティアとして、保養中間支援団体「リフレッシュサポート」や、複数の全国ネットワークの運営をしながら、主に子どもを持つ保護者、妊婦、女性、子どもたちと向き合ってきた。そして、「支援を続けてほしい」という保護者たちの声と、「風評被害や差別を起こすから支援をやめるべきである」という第三者からかけられる声の間で揺れてきた。

しかしそもそもは、事故によって「権利」が侵害されたことがすべての始まりだったのである。一人ひとりが、「不当」にリスクを押しつけられない権利を持っているはずだというのが、私の根本にある考え方である。いま改めて、原発事故で失われた権利のかけらを、保養を通じてつづりたい。

保養は、事故後に生まれた支援や活動の一つの側面である。そのほか福島県内外で当事者の方々による素晴らしい活動や支援が多く存在する。本書は「保養」という新しい支援が、権利を守るための一つの選択肢をつくったことを記録するものである。

第1章
保養とは何か

二〇一一年三月一一日午後二時四六分。当時小学校一年生だった佐藤すずさん（仮名・中学生）の記憶は、その瞬間から始まる。

「あまりにショックだったんで、それ以前のことはぜんぶ忘れてしまったんだと思います」

日本観測史上最大規模のマグニチュード九・〇の地震が三陸沖で発生したとき、すずさんは友達と橋の上を走っていた。風はほんのり冷たかった。その日だけ違うコースで下校をしていて、ふだんはもう家に帰り着いているはずの時間だった。はじめは、足下の橋が揺れているのに気づいた。それからまっすぐ立てないほど大きな揺れになり、慌てて友達と近くのコンビニに駆けこんだ。帰り着くと、家では家具や冷蔵庫が倒れてしまっていた。内陸部である福島市に住んでいたので津波の影響はなかったが、テレビに映しだされた押し寄せる津波をはっきりと覚えている。

すずさんの母親である佐藤百恵さん（仮名・四〇代）は、地震や津波の被災者のことが気になり、何か支援できないだろうかと考えていた。しかし、一一日夜に始まった原発事故に関する報道や情報に触れ、百恵さんの心は黒く塗りつぶされるように苦しくなっていく。その後、三月一七日に母子で山形へ一時避難を行ったが、学校や仕事のために一週間ほどで福島市に戻らざるを得なかった。

「初めて保養に参加したその年の夏まで、不安でどうしようもありませんでした」

柔らかい雰囲気の佐藤百恵さんは、当時をふり返りそう語る。

子どもを放射性物質から遠ざける

佐藤さん親子は、どうして一時避難をしようとしたのだろうか。

二〇一一年三月、福島第一原子力発電所で事故が起き、大量の放射性物質が広範囲に飛散した。それにともない、政府は避難区域を指定、さらにそれ以外の区域からも避難者が発生した。避難者数は、各県の仮設や公営住宅の入居者数が把握できた二〇一一年一一月以降では、一二年六月時点の三四万六九八七人をピークとし、一七年三月時点で一一万九一六三人となっている。[5]「災害救助法」に基づき、避難指示区域外からの避難者（いわゆる自主避難者）にも避難先の住宅が「みなし仮設」として無償提供されてきた。しかし一七年三月末には、その制度が打ち切られた。それ以降、区域外避難者は、国の「避難者数」に計上されないケースが増えている。そもそも二〇一一年四月から始まった「全国避難者情報システム」への登録は任意で、区域外避難者や住民票を移さないまま避難している人々は漏れていた。また、登録していてもカウントされていないケースも少なくなく、国は一貫して正確な避難者数を把握できていない。

そして、居住地を動かさなかった人々の中にも、追加被ばくを回避することを望む人々は存在した。とくに、放射線被ばくの感受性が高く影響が大きいとされる「子ども」に関心が注がれた。

事故以前から一般人の被ばく線量限度は年間一ミリシーベルトである。しかし二〇一一年四月一九日、文部科学省は、福島県内の学校の校庭等を利用する限界放射線量を年間二〇ミリシーベルト（毎時三・八マイクロシーベルト）とする「暫定的考え方」を、福島県知事、福島県教育委員会等に通知した。これに対し、市民のみならず社団法人日本医師会（二〇一三年より公益社団法人）も次のような声明を出した。

この通知では、幼児、児童、生徒が受ける放射線量の限界を年間二〇ミリシーベルトと暫定的に規定している。そこから一六時間が屋内（木造）、八時間が屋外という生活パターンを想定して、一時間当たりの限界空間線量率を屋外三・八マイクロシーベルト、屋内一・五二マイクロシーベルトとし、これを下回る学校では年間二〇ミリシーベルトを超えることはないとしている。〔原文改行〕しかし、そもそもこの数値の根拠としている国際放射線防護委員会（ＩＣＲＰ）が三月二一日に発表した声明では「今回のような非常事態が収束した後の一般公衆における参考レベルとして、一～二〇ミリシーベルト／年の範囲で考えることも可能」としているに過ぎない。この一～二〇ミリシーベルトを最大値の二〇ミリシーベルトとして扱った科学的根拠が不明確である。また成人と比較し、成長期にある子どもたちの放射線感受性の高さを考慮すると、国の対応はより慎重であるべきと考える。〔原文改行〕成人についてももちろんであるが、とくに小児については、可能な限り放射線被曝量を減らすことに最大限の努力をすることが国の責務であり、これにより子どもたちの生命と健康を守ることこそが求められている。[6]

他方で、厚生労働省は一九七六年、「放射線被ばくによる白血病の労災認定基準」を、「年間五ミリシーベルト以上被ばくし、被ばく開始から一年を超えてから発症し、ウイルス感染など他の要因がない場合」と定めている。この基準にしたがって厚労省は、二〇一七年一二月までに、福島第一原発で廃炉作業に従事後に白血病にかかった三名を労災認定している。こうした基準の矛盾に加えて、二〇一一年三月の初期被ばくの量が解明されていないことも含めると、佐藤百恵さんだけではなく子どもを持つ多くの保護者が不安を抱いたことも合理的な判断だと言える。

また、環境省ウェブサイトの「除染とは何か？」というページ[7]を見てみると、「取り除く」「さえぎる」とともに、「遠ざける」という項目がある。

「放射線の強さは、放射性物質から離れるほど、弱くなります。このため、放射性物質を人から遠ざければ、人への被ばく線量を下げることができます。また、放射性物質のそばにいる時間を短くすることも「遠ざける」ことになります」

除染では当たり前のことなのに、人そのものが移動しようとすると「追加被ばくを気にしすぎるな」と圧力をかけられてしまうことが、この七年間いく度もくりかえされてきた。「放射性物質から遠ざかる」という行為について考えるとき、細かなリスクの議論になってしまう。しかし根本的に重要なのは、子どもたちは、放射線技師などと違って職務として放射線を浴びたのではないということである。原発事故後、基準が曖昧になってしまったが、可能な限り不要な被ばくを避けるのは、児童福祉法などで子どもが労働から守られているのと同じように、子どもの一つの権利なのではないだろうか。

保養とは何か

では、佐藤さん親子が二〇一一年夏から始めた「保養」とは一体どういうものだろうか。当初、避難したくてもできない人々の間でクローズアップされたのは、「疎開」という言葉だった。戦時中の学童疎開をイメージして、子どもだけでも緊急的に移動させられないかと考える人々もいた。その後、現在もチェルノブイリで行われている転地療養である「保養」という取り組みが注目されるようになった。

一九八六年、チェルノブイリ原発の爆発事故により、国土の二二％が三万七〇〇〇ベクレル／㎡以上（放射線管理区域）の汚染地域となったベラルーシ共和国。ソ連崩壊の九一年に作られた「チェルノブイリ法」[8]では、最も汚染された一八万五〇〇〇ベクレル／㎡以上の汚染地区に住んでいる子どもは一年に二回、三万七〇〇〇ベクレル／㎡から一八万五〇〇〇ベクレル／㎡の汚染地区に住んでいる子どもは一年に一回、無料で保養を受けられる権利が与えられた。[9]八六年九月ごろから[10]、学校、学年単位での既存施設への保養がすでに始まっていたが、九三年ごろからはさまざまな保養施設が汚染地域に住む子どもたちのグループを受け入れはじめた。

二〇一一年に刊行され、二〇一三年には日本語にも翻訳された『チェルノブイリ原発事故ベラルーシ政府報告書』を見てみよう。巻頭には在日ベラルーシ共和国特命全権大使のコメントがある。

> 一番重要なのは、子どもたちの健康です。どんな国も子どもたちの健康には特別に配慮しますが、ベラルーシではリハビリ制度がつくられました。この制度では、リハビリ・健康増進センターが一〇施設[11]あり、年間約六万人の子どもたちがリハビリを受けています。この制度を担う専門家たちは、汚染地域に住む子どもたちは年に一回、いま住んでいる地域から約一か月離れて、汚染のない場所にいることが必要と考えています。そうすることで体内に蓄積されたセシウムが排出することができる、と。

さまざまな部門がネットワーク化された「子どもリハビリ・健康増進センター」では、療養・健康増進、教育、社会・精神面のリハビリ、子どものレジャー活動に必要な環境が整っている。センターはベラルーシ国内でも、工場から離れた、森や湖がある環境の良い地区[12]に置かれており、汚染地から保養した子どものうち半数以上がこのセンターを利用している[13]。

その始まりとなった施設「ナジェジダ（希望）」が開設されたのは、事故から八年後の一九九四年であった。ナジェジダの立ち上げに参加したフォトジャーナリスト広河隆一氏が、日本でつくった「チェルノブイリ子ども基金」。その事務局長である佐々木真理さんはこう語る。「ナジェジダは現在でこそ立派な施設ですが、はじめは食堂と宿泊棟だけの小規模なものでした。もともとは子どもたちの健康の変化に気づいた現地の医師や教師が保養の必要性を訴え、現地組織や海外NGO、ベラルーシ国家チェルノブイリ事故対策委員会などが協力して一からつくりあげてきたものです。保養のあとで体内の放射線測定の数値が下がったことなどを科学的な根拠とし、ベラルーシ政府も保養の必要性を認めるようになりました。その後、国立の保養所ができました。ベラルーシでは現在、汚染地域の子どもたちの保養費用は原則としてすべてが国費で賄われることになっていますが（ナジェジダで行われている病気の子どもたちのための保養などは、私たち子ども基金や他の海外のNGOの資金で賄われている）、一〇万人程度いる保養の権利を持つ子どもたちのうち、国費で保養に参加している子どもは六割程度とされています。それは国家予算と、施設の収容人数の問題だと言われています。利用実績のパーセンテージが上がっているのは、年々汚染地域の指定が解除されることにより対象者そのものが減っているためです。そもそも旧ソ連では、国の政策で全国にさまざまな保養施設が整備されており、と

ナジェジダの保養中の様子（撮影：佐々木真理）

くに子ども向けには「ピオネール・キャンプ」と呼ばれる集団教育のための仕組みが整っていました。そうした文化的・社会的事情が事故後に「保養」が一般に受け入れられた背景にありますが、とくにナジェジダは、チェルノブイリで被災した子どもたちのために作られた通年の保養施設ということで画期的でした」

現在、子どもたちはナジェジダに二四日間滞在し、そこでは医療・教育・心理を柱とする保養プログラムが行われている。一九九四年からこれまでに子ども八万人以上の受け入れを行ってきた。佐々木さんはこう続けた。

「内陸部のベラルーシでは海藻を食べる習慣がなかったため、体が放射性ヨウ素を天然のヨウ素と間違えて取り込み、甲状腺がんになった人々が多かったと言われています。そこで保養所では海藻も積極的に食べさせます。また、放射性物質を吸着し、それを排出する効果のある食物繊維とペクチンが含まれている新鮮な野菜、果物を食事のメニューに多く取り入れています。特別な錠剤などは飲ませていません。保養の開始時と終了時に行う医師とカウンセラーによる検査から、保養の効果を総合的に判断します。ナジェジダの医師によると、汚染の少ない地域で安全でバランスの取れた食事をとり、適度な運動をすることで、体内のセシウムは平均して二〇%低下するそうです。ナジェジダでは、三名の医師、二〇人の看護師、他にも歯医者や心理カウンセリングなどの専門家が常駐し、スタッフは、約二〇〇人います。汚染のない自然豊かな場所で、健康回復・増進を目的につくられた保養が行われています」

このように、ベラルーシでは国をあげて汚染地の子どもたち向けの「保養」の取り組みを続けてきた。

「保養」はチェルノブイリ事故と関係ないという誤解

「保養」に対するよくある誤解は、ベラルーシやウクライナに存在するのは完全なる「レクリエーション」目的の活動や、事故とは関係のない「医療」であり、「保養」は存在しないというものだ。ある研究者の方から問い合わせがあったのは、とある記事の次のような一節だ。「放射能からの隔離――。そうした重々しいイメージとは何か違うと思っていたら、ニーナ・スクリニコワ施設長がこう話してくれた。「大切なのは子どもの健康を守ること。原発事故の影響であるかどうかは全く関係がない」。そして、こうも言った。「子どもたちが放射線で病気にかかっているとは思わないでください。事故はすでに終わったことです。ここは、子どもたちが健康になるための施設なのです」[14]

この箇所だけを読むと、保養施設は原発事故に関係のない施設なのかと思ってしまう。二〇一一年三月以降に日本に輸入された「チェルノブイリ」の情報にはさまざまなものがある。それを読み解くにはその背景にある社会状況も理解しなければならない。

一九八六年四月二六日未明、ソビエト社会主義共和国連邦（ソ連）のチェルノブイリ原子力発電所四号炉が、炉心溶解（メルトダウン）ののち爆発した。周辺には黒鉛ブロックや燃料といった炉心そのものが一部散乱し、爆発と火災により放射性降下物がウクライナ、ベラルーシ、ロシアなどを汚染した。翌日には原発に隣接するプリピャチ市の住民四万五〇〇〇人の緊急避難が実施され、五月二日からは原発周辺三〇㎞圏からさらに強制的避難が行われ

ウクライナ	ベラルーシ
民主国家／資本主義	独裁体制 ソ連の社会保障を残す
親ロシア派と親EU派の 政治対立の歴史	親ロシア
原発依存約40%	初の新規原発建設中
1人当たりGDP 2,199ドル（2016年：IMF）	1人当たりGDP 7,080ドル（2016年：IMF）
人口約4,230万	人口約950万

図1　ウクライナとベラルーシの比較

た。[15] ソ連政府は情報を国内外にほとんど公開せず、国境を越えて多くの人が被ばくした。事故から三年後の一九八九年に、ベラルーシの新聞にようやくセシウム137の汚染地図が公開された。

一九九〇年七月にはベラルーシ共和国が独立を宣言、ついで一九九一年八月、ウクライナ共和国も独立を宣言し、同年一二月にはソビエト連邦は崩壊する。崩壊直前の九一年前半には各共和国で「チェルノブイリ法」が成立しており、放射能汚染対策と被災者補償策は、ベラルーシ、ウクライナ、ロシア各政府が担うこととなった。ベラルーシは、九四年以降はアレクサンドル・ルカシェンコ大統領による独裁の道を進んだ。ルカシェンコ大統領はEUと米国から「欧米最後の独裁者」とも呼ばれ、近年に緩和されるまでさまざまな制裁を科されてきた。他方でウクライナは、九〇年代に経済危機、そして親ロシア派と親EU派の政治対立を経て、二〇〇四年にはオレンジ革命が起きた。二〇一三年暮れからは、EUへの加盟を求める反政府運動が広まった。翌年二月には独立広場で八〇人以上が命を落とす事態へと発展。同年三月にロシアが介入し、クリミア半島を自国領に一方的に編入した。東部紛争状態を経て、二〇一五年二月の和平合意「ミンスク２」以降は、表面上は落ち着きを見せている。

『ルポ　チェルノブイリ　二八年目の子どもたち――ウクライナの取り組みに学ぶ』（白石草著）によれば、ウクライナでも、社会政策省によって「保養」が国家事業として行われている。二〇一三年一二月には、同省内に保養庁が新たに設置され、二〇名ほどの職員が働いている。現在、チェルノブイリ被災児童として保養の権利を持つ子どもは、約一五万人登録されている。しかし財政難により国費で参加できるのは年間五万人程度であるという。保養庁がマッチングを行い、保養希望者の健康状態を考慮して施設が選定され、クーポンが支給される。保養施設では、子どもたちが二〇日間前後、栄養バランスの取れた食事と体調改善のための治療を受けている。また、『原発事故　国家はどう責任を負ったか――ウクライナとチェルノブイリ法』（馬場朝子・尾松亮著）によれば、対象者は、前年の一〇月までに、保養を希望する時期を書いて役所に書類を提出する。

過去三回、チェルノブイリの健康被害をテーマに取材している白石草さんはこう話してくれた。

「取材規制が厳しい独裁国家ベラルーシでは、住民の率直な言葉を聞くのが難しいと聞き、取材先はウクライナを選びました。当初、私は保養を取材するつもりはなく、健康被害の状況について聞き取りをしていました。しかし医師から政府幹部に至るまで、どの機関でも保養の重要性を強調するので認識を変え、翌年、改めて保養施設を取材することにしたのです」

ベラルーシ政府は公式に「すでに事故の影響は終わったことだ」という姿勢を示している一方で、被災者向け保養に手厚い支援（ウクライナに比べて）を行っている。同時に言論弾圧が存在するため、公式に訪問すると、ベラルーシの人々は形式的な発言をする傾向がある。国民は政策に対する批判を行うことはできない。それに対し、ウクライナ政府は、行政や公的機関の構成員が事故の影響や被ばくのリスクについて明言し、同時に「政府は支援を十分に行っている」と強調する傾向がある。しかし、ウクライナ国内では、政府や、警察や銀行などの公的な機関に対する国民の信頼度は低い。[16] そして多くの国民は、政府の支援策が十分でないと感じている。保養に関しては、ベラルーシがソ連の社会保障を色濃く残しているのに対し、ウクライナが資本主義、市場経済を導入する中で、両国の支援の手厚さが変わってきたのではないかと考えられる。

両国とも、政府の言葉と客観的な支援の手厚さにずれがある。私たちは、ベラルーシ、ウクライナそれぞれの社会的背景を考慮しながら、一つひとつの情報を精査する必要がある。また保養においては、日本からの視察が、汚染地の子ども向けのものではなく、「健康」な子どもしか参加できないキャンプ「лагерь（ラーゲリ）」を訪問するケースがあることも情報の混乱の一因である。

原発事故を由来とする「汚染地に住む子ども向け保養」は、ベラルーシにもウクライナにも確かに「権利」として存在する。[17] そのことを確認したうえで、両国とは異なる状況におかれている日本の保養をどう考えるか議論していかなければならない。

日本の保養

では、二〇一一年以降日本で行われてきた「保養」とはどのようなものだろうか。

第3章で詳しく見ていくように、日本では国が保養支援を行わなかったため、ベラルーシやウクライナとは異なり、主に民間ボランティアが保養を開催してきた。当事者のニーズに沿う中で、それは自然体験活動、外遊び、リフレッシュ、教育など多様な目的や側面を持った支援活動となった。また、民間の資金の限界や、長期間子どもが合宿する文化が日本にないことが影響し、保養のプログラムは平均四泊五日程度のサマーキャンプが最も多い。

福島県内で保養への送り出しを行っている認定NPO法人「いわき放射能市民測定室たらちね」の事務局長、鈴木薫さんはこう語る。

「放射性物質は、見えない、匂わない、感じないので、とにかく測らないと何も分からないんですよ」

「たらちね」は、二〇一一年一一月の立ち上げから、食品の放射線測定やホールボディカウンタ（体内に存在する放射性物質を体外から計測する装置）検査、無償の甲状腺エコー検査などを行ってきた。いわき市の教育委員会の許可を得て、すべての小中学校と幼稚園、保育園でダストサンプラーによる埃の測定も行っている。本格的なラボを持ち、二〇一七年からはクリニックも併設している。

「掃除機のゴミを測るだけで、東京は一kg当たり数百ベクレルなのに対し、いわきは高いところで数万ベクレルあります。東京もいわきも空間線量はあまり変わりません。こうやって数値で見ると、完全に事故前と同じ環境ではないことが分かります。ですから住んでいる者としては、保養は必要だと感じます」

事務所では地元の女性スタッフたちが真剣に機器や数値に向き合いながら働いていた。上品な佇まいの鈴木さんはこう言ってほほ笑んだ。

「たらちねのスタッフは毎日測定しているので、精神的に安定しています。「見えない」放射線を「見て」いるので心がぐらぐらしないんです。正しく怖がることが必要。けれど無頓着にもならない。原発事故が起きたからには、そうやって「予防原則」に立って生活していくことが大切です」

「たらちね」の提携先である沖縄県久米島の「沖縄・球美《くみ》の里」では、毎月約五〇人の子どもたちを福島から受け入れている。二〇一二年夏より、ベラルーシ型の通年保養施設を目指して受け入れを行ってきた。「球美の里」では二〇一七年一一月までで、八一回、合計三四八二人が保養に参加している。東洋一と言われる綺麗な砂浜を持つ自然豊かな島で、約一〇日間思いっきり遊び笑う。心身ともにリフレッシュし、より健康になることを目的としている。開始した二〇一二年夏からニーズは変わらず、現在でも募集を開始してすぐに定員が埋まってしまう。施設には看護師が常駐する。発起人である広河隆一さんの影響力により、一般的な民間団体では困難なほどしっかりとした通年保養施設だ。

「現在は、尿中にあるセシウム量の検査から、日本での保養の効果を証明しようとしています。全体として、保養前より保養後のほうが尿中のセシウムが下がっている傾向があります」

鈴木さんはそう語った。こういった健康管理を、十分なポリシーのない民間団体が安易に行うのは個人情報保護の観点から危険だと私は考えている。しかし、行政とも連携し、地域で確かな信頼を積み重ねてきた当事者団体「たらちね」だからこそ、成り立っている取り組みである。

「最近は、保護者が代替わりして、「知識がないけれど漠然と怖いと思っている」というお母さんが増えています。私たちは現地に住む者としてお母さんたちと同じ立場で、保養事業も行っています。地域の中でみんなで相談しながら進めていくことが大切です。批判されることもありますが、何も悪いことをしているわけではないのですから、目的を見失わないで堂々と続けていきたいです」

鈴木さんの揺るがない眼差しと、事務所の中で数値に向き合う女性たちの凛とした姿が強い印象に残った。

これまで考察してきた中で一点注意が必要なのは、日本の保養に類する活動の参加者や支援者のすべてが、ベラルーシやウクライナの「保養」を模範としてきたわけではないということだ。事故後広がった保養に類する活動の目的は大きく三つに分けられる。

一つ目は、環境下に拡散した放射性物質そのものから離れることである。「感じられないもの」である放射性物質は、「測る」ことで市民や行政によって可視化されてきた。しかし、日常生活の中で「感じられない」ものからどのように防護を行うかについては個々人によって判断が大きく分かれた。現在も、「とにかく追加被ばくを減らしたい」という人々のニーズは相変わらず存在している。

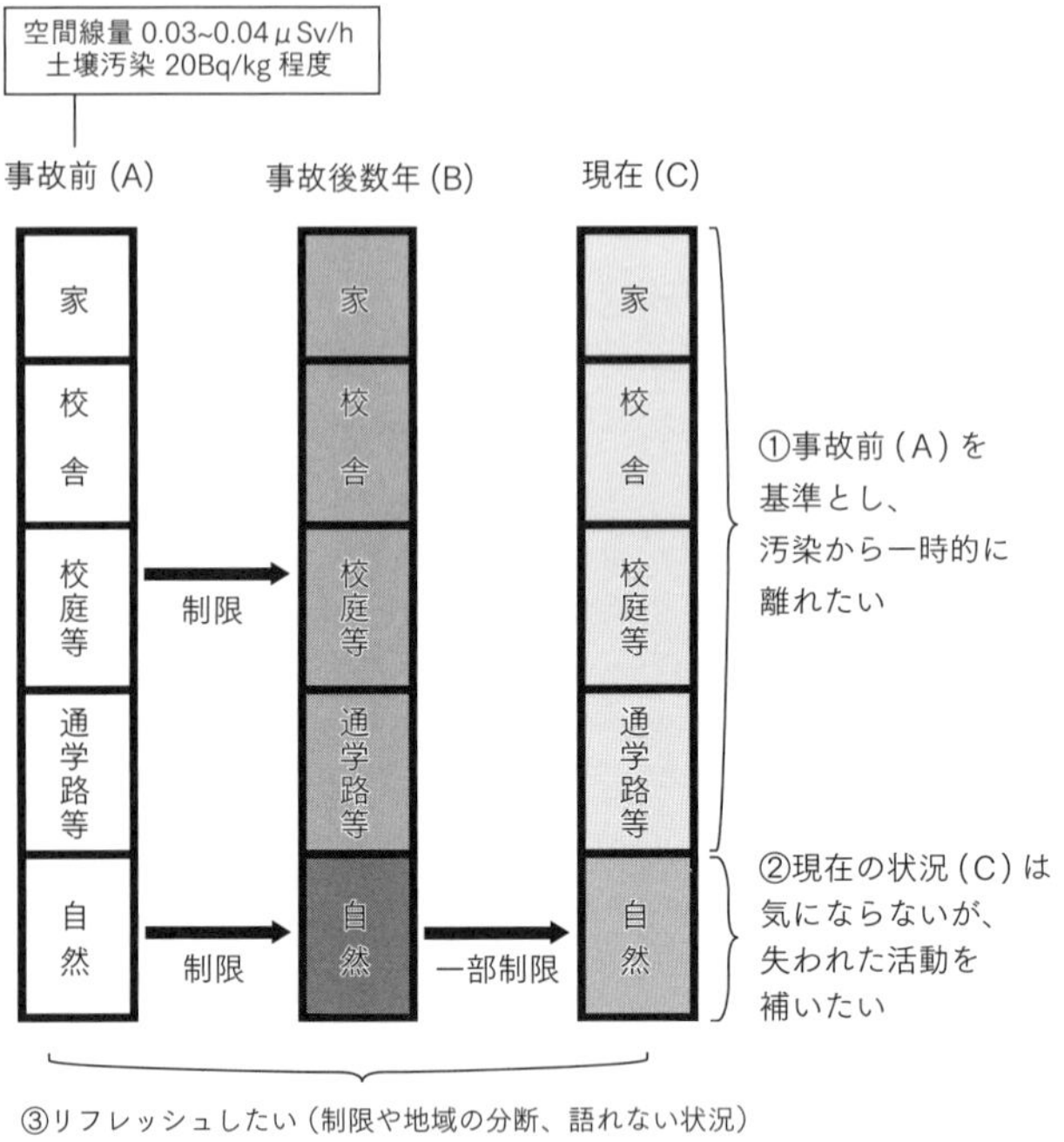

図２　保養の目的

二つ目は、子どもを「原発事故由来の放射性物質から予防的に遠ざける」ために失われたものを「補う」という目的である。事故後一、二年は公的な屋外活動制限や、除染が進んでいなかったことによる「外遊び」の制限があった。子どもの成長にとって体を思いきり動かすことは必要不可欠のことであるため、福島県内では事故後に屋内遊び場の整備なども進んだ。また、もう一つ失われたものは「自然体験」である。これは七年経った現在も元通りにはなっていない（第2章参照）。

三つ目は、事故を起因とする不安やさまざまな分断などのストレスから離れるためのリフレッシュである。

この三つのどの目的を重視するかは、参加者や支援者によって異なる。しかし共通していることは、事故が起きなければ、①環境下にある事故由来の放射性物質から遠ざかる目的で移動することも、②追加被ばくを抑えるために子どもの活動が制限されることも、③不安や分断によってストレスを抱えることも起きなかったということである。現在の福島で①が必要かどうかは地域や当事者によっても議論が分かれるが、②子どもの活動が制限された（現在も地域によっては自然体験活動が制限）ことは事実である。これらは第5章でふれる「子ども・被災者支援法」にも定められた必要な取り組みであった。

福島県内には、②だけを目的として、福島県内外の汚染がより少ない地域で自然体験活動をしている団体も多い。また、それをチェルノブイリのイメージがついた「保養」という言葉で呼ばないでほしいという意見があることも記しておきたい。

保養キャンプ型・保養滞在施設型

「スタンダードがないのが保養のスタンダードなんちゃう？」

スタンダードな保養とは何かを話し合っていたとき、関西の保養支援者がこうつぶやいたことがある。七年をかけて、「保養」は当事者のニーズと支援者の特徴に応じてそれほど多様化してきた。

一つ大きな区分となるのが、決まった日程でプログラムに則って参加者を受け入れる「保養キャンプ型」と、施設が先にあり、そのうえで参加者がいつでも自由に使える「保養滞在施設型」だ。第3章でさまざまな保養支援団体を紹介するが、その中では、ほっこりプロジェクトのお寺保養以外は、期間が決まった（もしくは期間の中で自由に出入りできる）保養キャンプ型がメインと言える。

保養キャンプの「キャンプ」は、ほとんどの場合で屋外キャンプを意味しない。事故直後は保養という言葉が一般に馴染みのないものであったため、リフレッシュ・キャンプなどとも呼ばれてきた。保養キャンプは多くの場合、夏休み、ゴールデンウィーク、春休み、冬休みを中心に行われる。プログラムをつめ込みすぎると子どもが疲れるという反省から、一緒に生活することや休息を取ることを重視する団体も少なくない。それでも、海水浴や自然体験活動など、何かしらの子ども向けプログラムが用意されている。

それに対して保養滞在施設型のほうは、施設があることが条件となる。ベラルーシの保養は、施設の中で医療、教育、心のケアなどのプログラムが年間にわたって行われるが、日本の保養滞在施設はプログラムがなく「家族でゆっくり過ごす」ことを目的としていることがほとんどである。ベラルーシの保養が主に学校やグループ単位で行われるのに対し、日本ではほとんどが民間ボランティアによって受け入れが行われ、保養に出かけるかどうかが保護者の選択に任せられてきたためである。

「球美の里」を除いて、民間の力ではベラルーシ型施設を長期にわたって維持することは困難であった。そのため、日本の保養はキャンプ型（保護者同伴と子どものみの参加が存在）と、家族向けの保養滞在施設型に分かれていったと考えられる。その他にホームステイ型のものや「ＮＰＯ法人まつもと子ども留学基金」のように山村留学形式の受け入れを行うものも存在する。

では、まず保養滞在施設型について紹介しよう。東京都練馬区にある「ＮＰＯ法人福島こども保養プロジェクト＠練馬」は二〇一一年夏から保養キャンプを主催し、二〇一四年からは滞在型「保養ハウスさかさい」を運営している。共同保育所の子育て時代の仲間を中心に、練馬区で社会活動をやっていた人たちが事故直後に立ち上げた団体だ。代表理事の竹内尚代さんにお話を聞いた。

保養ハウスさかさい

「私たちはメンバーがフルタイムで働いているので、子どもをまとめて受け入れるキャンプは年に一回しかできないんです。日程が合わなくて来られない福島の方もいますね。保養ハウスを始めたきっかけは、二〇一一年の夏キャンプに妊娠八ヵ月の方が参加したことでした」

「まずは一回やってみよう」と一心不乱に開催した保養キャンプ。キャンプを終えてみると、不安を抱えたお母さんたちをこのままにしておいてよいのだろうかと迷いが生じた。キャンプでは小さな山荘のキャパシティの問題と、まずは保養に出てもらいたいと初めて保養に参加する人を優先すると、リピーターとしてくりかえし参加してもらうことが難しかった。そこで、二〇一一年秋に一〇月から一二月中旬まで産後ケアをできる体制を整えた。その結果、夏のキャンプに参加した複数の母子が数週間ほど滞在することができた。

さらに模索を続けていた二〇一三年、運命的な出会いがあった。保養に来ていたボランティアの学生が、「祖父母が亡くなったあと空いている一軒家を使えないか」と両親に頼み込んでくれたのだ。そうして翌年、「保養ハウスさかさい」がオープンした。二〇一七年一一月までに利用したのは八八組（大人一七九人、子ども一七一人）。駐車場が一台分ついた二階建ての建物の中には五組以上の布団が用意され、友人同士や二、三家族で利用する人たちもいる。冷蔵庫の中には調味料や米、備品として洗剤などの最低限のものは常備されている。

「キャンプが一から十までお世話するのに対し、保養ハウスは来た人を受け入れるという感じです。良いところは、いつでも来られるということと、プログラムやルールを気にせず自由にできるところですね」

一般的な参加者のニーズとしては、家族だけで過ごしたい人は滞在施設型を希望し、シングルマザーや共働きなどで同伴できない保護者は、子どもだけで参加可能な保養キャンプ型のプログラムを希望する。また、保養キャンプ型のほうが多くの支援者や保護者、子どもとの交流があるので、リフレッシュできるという人もいる。保養滞在施設は、福島から車で行ける範囲の地域（山形県や新潟県、南関東など）が人気がある。

「いま福島の中はとても複雑になっているでしょ。そのまま住んでいる人、避難した人、帰還する人などさまざまで。私たちはすべての立場を受け入れるという気持ちでやっています」

近年でも、不安を抱えている親子のニーズは変わらずにあり、利用者は減ることはない。三冊目となる感想ノートを見せていただいた。そこには、二〇一七年になっても続く葛藤や不安がつづられており、「保養ハウスに来て、遠くの親戚宅に来たようにリフレッシュできた」といったコメントが複数あった。「共働きではなかなか時間がなく保養に参加できない」「夏休み保養を何ヵ所か応募したけれどすべて外れました。数が減ってきている中で保養に参加できるまでが大変です」といった、保養の構造的問題が表れた感想も見うけられた。

私が「保養ハウスさかさい」にインタビューに伺った日は、ちょうど年末の大掃除の日だった。ボランティアみんなで一軒家を丁寧に掃除して、持ち寄りのご飯を食べながらわいわいと打ち合わせを行う。しぐれ煮、手づくりケーキ、焼き鳥などがにぎやかにテーブルに並ぶ。運営の中心は子育てが終わった女性が多く、保養キャンプや保養ハウスに来る福島の若いお母さんたちも、子育ての先輩たちを慕っている。これからの社会をつくっていく輪が、地域を越えてつながっていくのを感じた。

年間延べ一万人以上が保養へ

保養中間支援団体「リフレッシュサポート」では、二〇一六年一一月一日から二〇一七年一〇月三一日までの期間に、原発事故の影響があった地域から子ども（保護者も含む）の保養受け入れを行った団体を対象とするアンケート調査「第二回保養実態調査」を行った[18]。この調査に対して、一三二団体（三三都道府県）が回答した（回収率四五・七％）。その結果、保養滞在施設型と保養キャンプ型の参加人数を合わせると、年間で延べ一万一九七一人が支援団体を通して保養に参加したことが分かった。

ベラルーシでは子どものみで年間約六万人、ウクライナでも年間約五万人が保養に参加していることと比べると、日本で保養に参加できる子どもたちは少ないのかもしれない。

保養の意義と現状との向き合い方

現在、日本国内の保養プログラムには年間延べ一万人以上が参加している。これは保養に参加したい人の数ではなく、調査に回答した団体の保養に実際に参加した人の数であり、希望者はもっと多い。というのも、民間で受け入れられるキャパシティには限界があり、全員を受け入れているわけではないためである。保養実態調査からも、応募者の約七割しか保養に参加できていないことが分かっている。

日本での保養の目的はすでに挙げた三つに分けられる。参加する側の気持ちとしてはさらに細かく分かれている。事故直後から「保養」ははっきりとニーズが存在し、それは七年経った現在も続いている。保養をきっかけに受け入れ先とつながりができ、避難したケースもあった。同時に、二〇一七年三月の区域外避難者住宅支援打ち切り以降は、「帰還した人」からの需要も増えている。保養は、「当事者が何を選択するべきか」を支援者側が決めるのではなく、当事者のニーズに沿って進められてきた支援であるといえる。では、ここからは保養の意義と現状の向き合い方について考えていこう。

一九九一年からチェルノブイリ支援をはじめ、福島第一原発事故後は福島県内で健康相談に応じてきた振津かつみ医師に、大阪でお話を聞いた。振津医師は、旧ソ連諸国の事故当時の社会体制や歴史・文化が日本とは異なることを前置きしながら、日本での保養の意義と現状との向き合い方についてこう語った。

「日本の二泊三日の保養であっても、自然の中で思いっきり遊ぶことはリフレッシュ効果があると言えるでしょう。ホットスポットファインダーなどの測定結果などからも、山や森などの自然豊かな場所の空間線量や土壌汚染がいまだ高いのは客観的事実ですから。リスクがあるのに認めないから、かえって不安が広がります。チェルノブイリの経験からも、低線量でも被ばくのリスクがあることを認めたうえで、過大にも過少にも評価せず、できることをしっかりと行うことが大切です」

また、事故から七年目のチェルノブイリを現場で知る者としてこう語った。

「事故から七年目の日本と、三一年目のチェルノブイリを単純に比べることはできません。七年目は、ベラルーシ、ウクライナ、ロシアの人々も必死でした。福島事故後の日本では、チェルノブイリの教訓が、「食べ物の汚染に気をつける」といった形で生かされたことは評価するべきです。福島では、二〇一一年秋くらいまでは体内セシウム量が比較的高い子どももいたようですが、その後は、チェルノブイリ事故後の同時期の被災地の子どもたちに比べ、体内汚染は、かなり低く抑えられているようです。今後も追加被ばくは、体内被ばくも体外被ばくも、できる限り減らすことが大切だと思います。防護のために、長期にわたる汚染や被ばくのモニタリングが必要です。チェルノブイリでは、三〇年以上経っても測定を続けています」

振津医師は、原爆被害者の医療支援活動や世界の核被害者（ヒバクシャ）との交流にも長くかかわってきた。その中で、ヒバクシャのために学びたいと放射線基礎医学・遺伝学を学び博士号も取得した。その経験のうえで、事実に即して、「被害者が強いられたリスクがハンディキャップにならないように」慎重に言葉を選ぶ。それは福島第一原発事故前からチェルノブイリにかかわってきた方々に共通するところかもしれない。たとえば振津医師は、ウクライナとベラルーシにおけるチェルノブイリ事故の「健康被害」を取材したドキュメンタリー映画『チェルノブイリ・ハート』[19]について早い段階で警鐘を鳴らしていた。

「映画の中で、チェルノブイリ事故後にベラルーシで肢体不自由児の出生率は二五倍に膨れ上がったという解説がでていましたが、ベラルーシの汚染地ではそのような事実はありません。また、「出生時健常児」は一五～二〇％と医師が回答しているシーンがありますが、ベラルーシでは「出生時健常児」とは、両親も全く健康で、喫煙・飲酒などのリスク因子もなく、妊娠中に貧血などの合併症も全くなく、子どもの低体重などの問題が何らない場合を指します。その後の健診で「健常児」のカテゴリーに移行するケースが多いのです。「ベラルーシで先天性心疾患や身体的・精神的障害を持つ新生児の割合が八五％」ということはありません。実情を丁寧にみていく必要があります」

振津医師が、チェルノブイリ事故から二五年目のイベントの準備をしていた二〇一一年三月、福島第一原発事故が起きた。その後は被災地への心配とショックで眠れない夜を過ごした。そして知人のつながりで支援に駆けつけることができた四月一〇日ごろ、飯舘村に向かった。

二〇一一年三月一五日の夕方から翌朝にかけて、福島第一原発の敷地から北西に向かって浪江町－飯舘村－福島市と細長く伸びる最大の放射能汚染が形成された。前日夕方には飯舘村役場近くのモニタリングポストが、毎時四四・七マイクロシーベルト（平常時の一一七六倍程度）を記録していた。[20]

振津医師が訪れる約一週間前には、長崎から来た医師が飯舘村を訪れ、「子どもたちを外で遊ばせても大丈夫」と講演していた。避難区域に指定されないまま、その中で過ごす人たちに対し、振津医師は「私が知っている限り、チェルノブイリでは、今の飯舘村と同じ汚染レベルには人々は住んでいません」と涙を流しながら伝えた。それを伝えることの重みを長年のチェルノブイリ支援で知っていた。そして四月二二日、飯舘村は「計画的避難区域」（おおむね一ヵ月を目処に避難を実施する地域）に指定された。当時飯舘村に居住し、福島市へ避難した保護者さんが、私に対してこう語ったことがある。

「たしかに線量は下がってきたんだと思います。それでも事故から一ヵ月以上放置されて被ばくさせられた分を、どうにか取り戻したいとあがいて私は保養に来ています」

振津医師が所属する「チェルノブイリ・ヒバクシャ救援関西」の「ヒバクシャ」という名称は、一九九一年春に振津医師がチェルノブイリ被災地に初訪問したときに、汚染地の人々から「私たちもヒバクシャです」「ヒロシマ・ナガサキを経験した日本のあなた方は、私たちチェルノブイリ事故の被害者の苦しみが分かるでしょう」と言われたエピソードからきている。同団体では、関西の保養キャンプへの支援も継続してきた。ロシアの保養団体ラディミチ[21]の「ノボ・キャンプ」スタッフの来日をコーディネートし、関西の保養団体との交流も行った。

「当事者がどういう状況にいるかをベースにしてやっていく。本当にその人たちが何を望んでいるかを大切にしていくことが重要です。どんなに「正しい」ことでも、当事者ができないことを言っても仕方ないんです。事実は伝えますが、そのうえで一緒に悩み考えるしかないのです。時間をかけて、事故によって損なわれたものを取り戻していくこと、そしてこのような被害をもうこれ以上、くりかえさないことが大切です」

　振津医師はそう締めくくった。

　事故以前の記憶がないという佐藤すずさんは、事故から六年半が過ぎたインタビュー当時すでに中学二年生になっていた。すらりと背も伸びて視線の高さも大人と変わらない。いまでも最初の夏、保養先で思いっきり遊んだときの記憶は鮮やかに思い浮かべることができるという。そして母である佐藤百恵さんは、保養キャンプで強風の中、走り回る娘の姿を見て、思わずドキリとしたことを覚えている。しかし、そのときすぐに「ここでは何も心配しなくていいんだ」と気づいて深くほっとしたと語ってくれた。

　本章で述べてきた「客観的」な保養の目的やその効果に留まらず、こういった実践の積み重ねの中で、参加者も支援者も、「避難」か「復興」かの二項対立に陥らない「保養」の意義を感じている。

第2章
事故後の葛藤——いま目の前にいる子どもをどうするか

子どもを外に出せない

「私が保養に行きはじめたきっかけは、子どもが笑わなくなったことでした」

福島県内の喫茶店でそう言った飯田幸子さん（仮名）は、涙を抑えるように大きく息を吸った。

当時、飯田さんは豊かな自然に囲まれ、四歳の娘と一一ヵ月の乳児の子育てをしていた。

しかし二〇一一年三月一一日からその生活は一変した。

「ニュースで原子炉にちょろちょろと水をかけているのを見た瞬間、「終わった」と思いました」

回想しながら飯田さんはそう語る。事故から七年経った今では、消防車から注ぎ込まれた大量の冷却水のうち、三月二三日までに原子炉にたどり着いた水はほぼゼロだったことが判明している。途中で「抜け道」などに流れ込んだためであった[22]。

当初は幼稚園でも多くの子どもたちが、放射能を気にして水筒を持ってきたりマスクを着けるなどしていた。しかしだんだんと暑くなるにつれマスクを着けることが難しくなり、水筒を持ってくる子どもの数も少なくなっていった。その中で飯田さんは、少しでもリスクを減らそうと奮闘していた。

飯田さんには、どうしても防護を続けたい大きな事情があった。家の真後ろに山があり、何回除染してもすぐにまた線量が高くなってしまうのだ。事故の年は、家の中でも毎時〇・九マイクロシーベルト（平常時の約二三倍程度）あった。事故前は山を背負うその立地が子育てに最適だと考えていた。しかしその自然の恵みが彼女を苦しめることになる。「福島」とひとくくりにして語られがちだが、自治体によっても同じ地域の中でもそれぞれ事情は異なる。福島県県中地域にある彼女の住む自治体は、風評被害を気にして除染に積極的ではなかった。

幼い子どもを育てている以上、抑えようとしても不安は尽きることがなかった。はじめは外にあるすべてのものに触れることを制限して、子どもを家に閉じ込めるような生活になった。しかし、普通の日常を送らねばならない中で防護を続けることは難しく、自分が子どもを守るためにできることが一つひとつ削られていった。

ある日、飯田さんは子どもたちが笑わなくなっていることに気づいた。震災前はとてもやんちゃで明るい娘だった。そのとき「この状況がおかしい」と感じ、心おきなく外遊びをさせてあげようと、自分の車を県外の公園に向けて数時間走らせた。

「それまでは風評被害が怖くて福島県外に出る勇気がありませんでした」

飯田さんは当時の凍りついた気持ちを正直に話してくれた。風評被害や差別が怖かった。これは不安を抱えながらも避難を踏み留まった保護者がよく口にする言葉だ。数時間かけて行った公園で、子どもはブランコにも触れずすぐに車に戻ってしまった。飯田さんはただ茫然と車の中にいる娘を見つめた。

転機になったのは、福島県内の友達に「保養に行かない？」と声をかけられたことだった。県外の人に警戒心を持っていたそのときは、頼りたいけど怖いという複雑な心境だった。震災からすでに一年半が経っていた。

二〇一二年夏に初めて参加した神奈川県の保養キャンプでは、支援者たちが予想外にとても温かく迎え入れてくれたと飯田さんは頬を緩めた。保養最終日の晩には、今まで口にできなかった不安や苦しい気持ちを初めて言葉にすることができた。言葉にすることでやっと時間が動きはじめたように感じた。だが保養中に海の近くを通ったとき、海が大好きだった娘に「海だよ綺麗だね」と言っても、娘は決して海を見なかった。

「ほんの一年半でこんなにも子どもたちの気持ちを曇らせてしまったことを思うとつらかったです」

飯田さんは自分を責めるように語った。しかし保養を重ねるにつれ、子どもたちはどろんこ遊びをしたり自然とかかわったりできるようになっていった。現在は除染された場所では外遊びをさせているが、やはり自然とのかかわりは震災前より減ってしまった。飯田さんは子どもを健やかに成長させるためだけに、毎年保養に参加している。本来ならば住んでいる近隣は保養に行く先に負けないほど自然の豊かな土地だった。家の後ろにある山は近所で協力して除染した結果、今では木がごっそりと刈り取られている。

動けない妊婦

いま目の前にいる子どもをどうすればよいか。そう葛藤した飯田さんと同じように、事故当時妊娠していた女性たちも「いまお腹の中にいる子どもをどうすればよいか」と深く悩んでいた。

福島県県南地域に住む荒井ゆりさん（仮名）は、震災当時妊娠三ヵ月だった。二歳の子どもも抱え、地震の被害に遭ったこともあり、全く身動きが取れなかった。一時避難を選択した人たちの中にも、多数の妊娠中の女性がいた。当時は民間による支援もいくつか存在した。たとえば東京都助産師会は「東京里帰りプロジェクト」[23]として、津波や原発事故で被災した妊婦の相談業務や東京への受け入れを行っていた。しかし、荒井さんは行政から何の支援情報も得られないまま、二〇一一年秋に次女を出産した。

「子どもがこのお腹の中にいて、自分の選択が直接影響を与えると思うと怖くて。そのときの不安な状況は話せばきりがないです」

荒井さんはしっかりとした口調でそうふり返る。

本来は、安静に過ごすことが大切な妊娠中や産じょく期に、不安を抱えたまま放置されたことが、心の傷となっている保護者は少なくない。福島県「県民健康調査」における妊産婦調査[24]では、二〇一一年度に「産後うつ」と推定された人の割合は二七・一％。一六年度には一一・二％と下がったが、全国値の八・四％を上回りつづけている[25]。二〇一六年、伊達市から長野県の保養に参加したある保護者は、アンケートにこのように答えている。

「原発事故当時、私は妊娠していました。母乳からも粉ミルクからもセシウムが検出されて、生まれてきた赤ちゃんに何を与えてよいのか悩みました。妊娠すると、たいていの女性は、お酒をやめカフェインを控え、少しでも栄養のあるものをと考え、生活を見直すものです。放射能は、その気持ちをズタボロにかき乱し、直ちに問題ないと土足で踏みにじりました」

事故前とはちがう環境の中で、生まれてきた子どもをどう育てていけばいいのか。荒井さんも迷いながら連日のように屋内遊び場を利用していた。そんなとき知ったのが「保養」という支援の存在だった。

「娘は名古屋の保養で、生まれて初めてどんぐりを拾いました」

荒井さんは毎年保養に参加するようになり、娘の「初めて」は増えていった。二〇一三年には、保養先のプレーパークで初めてどろんこになって遊んだ。プレーパークは既成プランの公園とは違い、一見無秩序のように見える。しかし、公園設備にとらわれないことで、子どもたちが自分の想像力を使って遊びをつくり出すのである。

「危険なことをすれば怪我をするという怖さもそこで知ったみたいです」

外遊びに慣れていないため、それまで娘は危険を察知できず何も怖がることがなかったのだ。そして二〇一五年には保養先で初めて海に入った。娘は「しょっぱい」と顔をしかめてから笑った。そういう経験を重ねるうちに、二人の娘は外や自然に興味を持てる子どもに育った。子どもの時間は濃密で、成長するのはあっという間だ。事故当時お腹にいた娘は、二〇一八年に小学生になる。

正直に自分の気持ちを語る荒井さんは、「不安なら福島から出ていけ」と心ない言葉をかけられることもあった。しかしひるむことなく自分自身も誰かの役に立とうと、保護者同士のお茶会で保養情報を共有している。

「最近、「妊娠してから放射能が気になりだした。でもどこで保養というものを探していいか分からない」というお母さんも出てくるようになりました」

荒井さんの友人は「保養は人気があって参加できる人が限られてるから、もっと年下の子どもたちにゆずる」と、行きたい気持ちを抑えて保養へ行くのをやめたという。これは保養全体で見られる現象で、保護者たちが「次世代の子どもたちのために使ってほしい」と保養団体に寄付を行ったケースも複数あった。

また、荒井さんは避難できた人が羨ましいという思いをずっとくすぶらせていた。しかし保養支援の滞在施設を借りて一週間母子のみで生活したとき、「避難した人たちは何も知らない土地でこんなに大変だったんだ、どんなにつらかっただろう」と気づいたという。

「私たちはただ不安がっているだけではなくて、そうやって自分で考えて少しずつ動いて、お互いの違いを乗り越えようとしてるんです」

そう語る荒井さんの顔はしっかりと前を見すえていた。

顕在化するニーズ

東日本大震災は地震、津波、原発事故の複合災害であったため、状況は非常に混乱していた。二〇一一年三月一一日二〇時五〇分に半径二㎞以内の住民に避難指示が出されたあと、三月一二日までに三㎞、一〇㎞、二〇㎞と行政の避難指示は広がっていった。SPEEDI（緊急時迅速放射能影響予測ネットワークシステム）が本格的に公表されたのが五月三日だったため、放射性物質がどのように拡散したかを一般住民が知ることはできなかった。

飯田さんのような保護者や荒井さんのような妊婦の不安や葛藤。それらが外に伝わるとともに、支援のニーズが顕在化していった。

「何かせずにはいられない」

その一念で「hahako」が発足したのは二〇一一年三月一六日だった。同団体は、避難先受け入れ情報をネット上で提供するボランティアから始まった。三月一九日には、首都圏の緊急的避難所五ヵ所に紙媒体を配布した。一時避難先を探す人々の需要は高く、津波被災地にもボランティアセンターを通して冊子を配布した。また、ノウハウを生かして、一六年四月の熊本地震の際にも、一時受け入れ先情報をまとめたものを避難所で配布した。代表の木田裕子さんはこう語る。

「私たちは専門家ではないので、ただ不安な気持ちの人に寄りそうことを大切に、情報と人、そして人と人とをつないできました」

電話相談窓口を開くと、三月中は相談が次々と舞いこんできたという。経済産業省原子力安全・保安院（当時）は四月一二日、福島第一原子力発電所の事故レベルを、国際原子力事象評価尺度（INES）の評価でチェルノブイリ事故と同じ「レベル7」と暫定評価したと発表した。それを境として相談が急に増え、木田さんは四月中旬ごろからは一日二、三〇件の相談対応に追われた。その後、東電がメルトダウンを公式に認めた。事故から五年以上過ぎた二〇一六年六月、東京電力の第三者検証委員会は、清水正孝社長（当時）が、「メルトダウン（炉心溶解）」の言葉を使わないよう指示したとする報告書をまとめ、東京電力は隠蔽《いんぺい》を認め謝罪。[26] 二〇一七年一二月には、新潟県と東京電力ホールディングスの合同検証委員会が、当時の首相官邸による隠蔽の指示を否定し、清水社長自身の判断とした。[27]

このように事故の規模評価が深刻になり情報の隠蔽が行われるなか、不信を抱いた人々の汚染の少ない場所に移動したいというニーズが鮮明となっていった。

屋外活動の制限

保護者の間でまず問題になったのは、「外遊びがさせられない」ということだった。

前述した通り文部科学省は、二〇一一年四月一九日、校庭・園庭で毎時三・八マイクロシーベルト（平常時の約一〇〇倍程度）以上の空間線量率が測定された学校については、校庭・園庭での活動を一日当たり一時間に制限すると発表した。それにともない、各学校は校庭の除染や自主的な活動制限を行った。ＮＨＫによると、二〇一一年六月時点で、福島県内の公立の小中学校や高校などを合わせた八二七校のうち半数を超える四六五校において屋外活動制限が行われていた。二〇一六年一月には、公立校での活動の制限はなくなり、四つの公立幼稚園のみで残っている状況だとされる。[28]

「子どもを地面に下ろすのも怖い」

二〇一一年、郡山市の幼児を抱えた保護者が、そう言って健康相談会で涙を流す場面に立ち会ったことがある。その女性は「まずは保養を」と勧められ、母子で保養に参加して少しずつ外遊びを覚えていった。

現在高校生になった橋本美月さん（仮名・郡山市）は震災当時小学校二年生だったが、屋外活動制限のことをはっきりと覚えているという。

「連絡帳に外で遊んだ時間を書かなきゃいけなくて。外で遊んでいたとしても自分で気にしちゃってました。三〇分のうち一五分だけ外で遊んで、友達同士で「もういっか」って校舎に入って過ごす感じでした」

橋本さんの場合、両親よりも祖父母のほうが子どもの防護に熱心だった。事故後半年は、自宅より線量が低い祖父母の家で過ごした。美月さんの母親である橋本香織さん（仮名）は、両親の積極的な協力があったことに加えネットを駆使してすぐに保養情報を見つけることができたため、当時のことがトラウマにはなっていないという。そのせいか、娘の美月さんも表情穏やかに事故当時の話をする。

「初めて行った岐阜の保養で、何も気にしなくていいっていいなと思って」

保養に行くことも周りに隠さず、友人を誘うこともあった。保養先でつらい思いをしたこともない。保養受け入れ支援者が、自分たちの体のことを心配していることも嫌ではなかったという。

「なんとなく、大事に思われていることが伝わってきたからかな。事故が起きて、避難した友達もいたし、甲状腺の検査を学校でやるようになって、震災ってそんなにすごいことだったんだなと、成長してみると思います。でも震災が起きて失ったものもあるけど、逆に保養で自然の中でいろんな体験をしたりできて得たものもありました」

美月さんの心の中には、屋外活動制限から始まる友達の避難、甲状腺検査といったシリアスな風景の中に、保養が彩りとして残っていた。

失われた「経験の継承」と「心の動き」

事故後の被ばく回避活動では「お母さん」がクローズアップされる傾向があった。それを「母性」という切り口だけで考えるのではなく、「目の前に子どもがいて、ケアの責任が自分にあるかどうか」が人々の行動を分けた、と考えるほうが適切ではないだろうか。その役割を行うのが、女性の保護者が多かったということではないかと私は考える。そして、子どもへのケアの責任がある保育士や幼稚園教諭たちもまた葛藤していた。

福島市在住の辺見妙子さんは、保育士として二〇年近く子どもと向き合ってきた。冬のから っ風が吹く福島市にある喫茶店。辺見さんは、福島県保育連絡会が発行した『福島の保育第一四集』(二〇一七年)という冊子を読みあげた。

「ここに「原発事故はその子の大切な一歳児らしい生活を根こそぎ奪ったのです」とあります。本当にそうです」

辺見さんはうっすら涙を浮かべてうなずいた。報告書からは、除染が進み園庭などの線量は下がったが、外遊びや自然とのふれあいが事故以前のところまでは戻っていないとまとめられている。原因として、物理的な環境だけでなく、「経験の継承」が行われていないことと「心の動き」の問題があるということが挙げられていた。

「外遊びにはさまざまなものがあります。虫捕り、どんぐり拾い、お花摘み、お散歩。この報告書でまとめられているように、どこでどんな面白い遊びがやれるかという知識や方法は、年長のクラスから年少のクラスへ、先輩の保育者から新任の保育者へと受け継がれていくものなんです。数年にわたり、外遊びや自然とのふれあいが奪われたことで、その継承ができなくなってしまいました。また、桜の花びらがひらひら舞い散るのを、子どもたちが興味を持たなかったという自然に対する情動の問題も報告されています」

この話を聞いたとき、私は保養に参加する子どもたちの横顔がぱっと浮かんだ。荒井さんの娘さんは遊び方を知らず、危険を察知して怖がるということができなかった。飯田さんの娘さんは海を見ようとしなかった。それは、保養に参加する子どもたちに限られた現象ではなかったのだ。

保護者の多くは、ある特定の時代に生まれた自分の子どもと一定期間向き合う。それに対し、保育者たちは長い時間をかけて多くの子どもたちとその変化を見てきたプロである。保育者は、職業的な責任感と客観的な視点から、どうしたら子どもたちのためになるのかを総合的に考える。

福島市は、公共施設や住宅街を中心にいったん除染を完了したとしているが[29]、辺見さんは十分に自然体験が楽しめる環境には至っていないと考えている。そこで震災直後から、子どもたちを片道五〇km離れた山形県米沢市まで無料送迎し、野外での自然遊びを中心とした保育を続けている。辺見さんのような保育者たちは、子どもたちの経験の継承と心の動きを取り戻すべく静かに戦っている。

お父さん

「お母さん」だけではなく、「お父さん」もまた事故後の状況に向き合ってきた。子どもを保養に参加させてきた遠藤浩さん（仮名・四〇代）にお話を聞いた。

「僕が子どもを保養に参加させてきたのは、後悔しないための「予防策」ですね」

小学生の娘と高校生の息子を持つ遠藤さんは、知的な語り口でゆっくりと言った。

「最初、僕は気にしてなかったんですよ。奥さんはずっと子どものことを考えていましたが、僕は僕で地域のセーフティネットを守る仕事があったんで。奥さんの意見は聞くようにしていたけど、あまりに奥さんが心配したときに、「ここで仕事をしていかないと家族が暮らしていけないんだぞ」と一度だけ口に出したこともありました」

気持ちに変化が起きたのは二〇一一年秋のことだった。妻の希望で家族全員がホールボディカウンタ検査を受けたのだ。

「家族の中で、幼稚園の娘が体重一kg当たりの値が一番高かったんです。僕自身は、事故後に原発の近くで支援を行っていたからある程度出ると予想はしてたのですが。娘のことは、とてもショックでした」

それからは、夫婦そろって予防のための防護を行うようになった。すでに二〇一一年夏には、妻は子どもたちを連れて保養に参加していた。当時は「知らない人間を頼って大丈夫なのか」と心配しながら、北陸で開催された保養キャンプに妻子を送り出した。

「その夏は一人でぽつんと家に残って、子ども部屋のベランダと庭をとにかく念入りに除染しました。汗だくで除染して線量が下がっても、うちの場合は二日後には元通りでした。けれど、僕は僕のやり方で家族を守るんだって気持ちだった気がします」

ある地域の漁師さんが中心となって開催する保養は、お父さんたちにウケがいいという話を聞いたことがある。夜になると支援者とお父さんたちが車座になってお酒を飲んで、震災から自分たちがどれだけがんばったかを語り合うのだそうだ。

遠藤さんのお話を伺いながら、思い出した風景があった。二〇一二年夏前に中通りで開催した保養の相談会。全国から送られてきた保養のチラシが並ぶテーブルの上に、一束だけ地域での除染ボランティアを募集するものがあった。置いていったのは確か地元のお父さんだった。ちらりとこちらを見た表情が切なそうだったのと少し怒りが混じっていたように見えたので覚えている。その相談会会場では「子どもを外に出す」ということに焦点が当たっていたが、焦点が当たらないところでも「子どもの暮らし」を守ろうとした人たちがいたことは忘れてはならないことだと思う。

二〇一二年暮れ、遠藤さんは唯一自分が県外に出られる時期に東海地方に保養へ出かけた。家族丸ごと受け入れた保養支援者たちは、遠藤さんの言葉を借りると「思っていたより普通の人たちだった」。それから子どもを受け入れてくれた保養支援者と積極的にかかわるようになり、ときには運営に協力するようにもなった。

遠藤さんは子どものときから「従順」という言葉よりも「自由」という言葉が好きだという。だから他人の判断や選択も尊重する。幼いころから一緒に地域の祭りを盛り上げてきた男友達が避難移住したときも、前向きに応援した。そして今でも親交がある。同窓会で再会したときには、こう書き記したカードとプレゼントを渡した。

「故郷は心の中にある。どこにいても同級生たちはお前と一緒にいる」

父親であること。地域社会の中で働いていること。そして一人の自由な人間であること。その葛藤の中で、遠藤さんはさまざまな人と出会い、別れ、そしてもう一度分かり合いながら前に進んでいる。

葛藤に向き合うこと

原発事故後の当事者の葛藤。それに向き合ってきた一人が、牛山元美医師（さがみ生協病院内科部長）だ。牛山医師はこれまで、福島や関東で甲状腺エコー検診や健康相談の活動を続けてきた。現在は「3・11甲状腺がん子ども基金」の顧問となり、事故後甲状腺がんになった人々（震災当時一八歳以下）への医療費助成と無料相談にも取り組んでいる。小児甲状腺がんは、原子力推進機構であるＩＡＥＡ（国際原子力機関）が唯一認めているチェルノブイリ原発事故の内部被ばくによる健康被害である。チェルノブイリでは一九九〇年ごろから小児甲状腺がんが急増した。事故後ヨウ素１３１（半減期８日）の取り込みにより甲状腺が受けた被ばくが、晩発的影響として現れたものではないかというのが通説である。

「不安を持ってはいけないというのはおかしい」

講演後の交流会で保養支援者と話しながら、牛山医師はそう言った。

「原発事故による健康影響を不安に思うのは当然。私たちは相手の不安をまず受け入れる。そこから対等な立場での正しいリスクコミュニケーションが始まるから」

相手の不安を受け入れてアドバイスをし、一緒にどうすればよいか考える。それをボランティアで続けることは並大抵のことではない。ある郡山市の保護者が「牛山先生たちがいなかったら、私はもっと医学不信になって新興宗教に入っていたかも」と冗談をつぶやくのも聞いたことがある。牛山医師が今のスタンスになったのは、ある出来事がきっかけだった。

「子どもの鼻血が止まらないんです」

事故直後そう訴えた福島からの避難者に対して「鼻血は関係ないからね」とばさりと切り捨てると、相手の顔がさっと硬くなり何も話さなくなった。

「ああ、この向き合い方じゃダメなんだと気づいたの」

牛山医師は率直にそのときの自分の姿勢を反省した。

「心のシャッターを閉じられてしまうと、鼻血の話の奥にある、本当に相手が伝えたいことを聞けないことに気づいたのよ。原発事故に関する自分の少ない医学的な知識を、上から押しつけてしまった」

それから牛山医師は「当事者の話を聞くには、自分から近づいていくしかない」と考え、避難者の方が主催した保養にボランティアとして参加した。そこで皿洗いから始めたという。白衣を脱いで、同じ一人の母親として人としてかかわっていく中で、避難者や福島に住む人々と率直な話を交わせるようになった。

二〇一三年、福島県内の健康相談会で、ホールボディカウンタの結果が体重一kg当たり数十ベクレルと出た女子中学生とその母親と出会った。祖父が自家栽培した玄米や野菜を測らないまま食べていたという。「去年ホールボディで測ったときはなかった」と母親は驚いていた。「今年測って出たんでショックです。でも放射能のことは気にしちゃいけないんですよね」とくりかえし確認する母親に、「いや、これは気にしたほうがいいです。ちゃんと測ってから食べましょう」とアドバイスをした。

ベラルーシに視察に行って、汚染が最もひどかったゴメリ州の女性小児科医などからも話を聞いた。チェルノブイリでは、事故後の混乱や貧困もあり客観的統計に耐えうるデータを十分に残すことができなかった。「事故後の状況をきちんと残していくことが大事だ」とメッセージをもらった。

牛山医師は医学に厳格で、そのうえで分からない部分は分からないときちんと言う。日ごろの仕事でもさまざまな職域の医療職や患者さんにリスペクトを持って接しているのが言葉から伝わってくる。その姿勢を保護者も信頼する。

「当事者の体は当事者のものだから。臨床医は理屈から人を見るのではなく、目の前にいる人の生身の声を聞いて、自分の医学的知識と照らし合わせて常に考えていかなきゃいけない。改めて勉強しました」

牛山医師はにっこりとほほ笑む。すべての人がこのように真摯な向き合い方をすることはできないだろう。しかし、「あなたはそのリスクを受忍する義務がある」と上から押しつけ当事者の声を抑圧している現状を、少しずつ社会全体で解決していくことはできるのではないだろうか。

「選択肢」として広がる支援の輪

「一〇〇人いたら一〇〇人とも違うんです」

事故当時妊娠中だった荒井さんは、追加被ばくに対する判断について力を込めて語った。大規模な原子力災害による放射性物質の拡散は、土壌、食べ物、外部被ばく、内部被ばく、水、経済、心、体など生活全般に影響があるため、個々人によって判断が分かれた。①直感的な判断、②「科学」的情報に基づく判断、③価値観（家族観・生活様式等）に基づく判断、④政治や経済も含むマクロな判断という大まかな四つの段階があり、その組み合わせによって結果としてそれぞれの「選択」が異なったのではないだろうか。

「だから選択肢として保養はあってほしい」

荒井さんを含め、多くの保護者がこう口をそろえる。こうして、当事者の葛藤と不安に応えるための「選択肢」として、保養支援は広がっている。

第3章 支援の実態——立ち現れる多様な社会

保養団体はすべて「怪しい団体」？

「保養をやっている団体は、すべて怪しい団体と聞いていたのに違うんだね」

第三者からそういう言葉を何回も投げかけられたことがある。私は、原発が政治にかかわる問題であるがゆえのイメージかと思っていた。しかし近年、「当事者を利用する目的以外で無償支援をするメリットがない」という先入観があるのではないかとも考えるようになった。

私自身がボランティアを一〇代から続けており、原発事故が起きて無償で支援をする人が大勢存在したことはごく自然なことだと感じていた。そのため、世間のイメージと実態とのギャップに長らく気づかなかった。多くの支援者は保養だけを行っているのではなく、障害を持つ方々の支援、海外にルーツのある子どもへの学習支援、災害支援、国際協力、不登校の子どもたちへの学習支援など多方面でボランティア活動をしている。

本章では、さまざまな保養団体の取り組みを紹介しながら、支援の実態を読み解いていく。そこから日本社会の多様性や、災害や歴史を通して市民社会が積み重ねてきた経験が見えてくる。

追加被ばくを避けたい多くの保護者は、二〇一一年六月ごろまで、各都道府県や旅館組合などが無料で開放していた施設を利用するなどの形で、自力で一時避難を行っていた。しかし一一年四月の学校再開や施設の無料化終了にともない、夏前までに戻ってきたケースが多い。

二〇一一年夏

文部科学省は、同年七月から八月にかけて、「リフレッシュ・キャンプ」[30]を実施した。これは、事故の影響により、子どもの心身の健全育成に必要な外遊びやスポーツを控えなければならない状況にあったため、それらや自然体験活動等ができる機会を提供することを目的にした事業である。募集期間は二〇一一年七月一〇日から二〇日で、福島県や、市町村の小中学校を通して周知を行った。申し込みが予定数を上回ったため、結果として七月一四日に全事業の募集を締め切った。選出方法は先着順であり、六二四九件の応募があったが直前にキャンセル等もあり三八二三人が参加した。またこの事業とは別に、一一年に大規模に受け入れを行った団体のインタビューによると、募集枠二〇〇名に対してサーバーがパンクするほどの応募があり、結果的に倍以上の人数を受け入れたという。

「どこか参加できるキャンプはないでしょうか」

当時、キャンプの抽選に落ちた保護者たちから、おそるおそる情報支援の窓口に電話があったことを覚えている。そのとき保護者の方々は、「保養」というイメージではなく、とにかく子どもを汚染から離すためにキャンプへ参加させたいと必死だった。七月初旬にいわき市で行われた講演会では、五〇冊ほどあった保養情報冊子や一〇〇〇枚のチラシが十分程度でなくなってしまった。

東海地方で行われるはずだったキャンプ企画が中止となり、「この夏どこにも出られなかったらどうしよう」と泣いている若いお母さんもいた。隣で別のお母さんが、「そのときは私がうちの子と一緒にどこかに連れていくから」と背中をなでて慰めていた。そういった小さな涙に応えるように、原発事故で被災した子どもたち向けのキャンプが全国で始まった。

阪神・淡路大震災の経験

兵庫県明石市で行われている保養「福島の子どもを招きたい！ 明石プロジェクト」は、たこ焼きキャンプと呼ばれている。なぜたこ焼きなのか。そこには深い思いが込められている。代表の小野さんは、身ぶり手ぶりを交えて事故当時の状況を語ってくれた。

「原発作業員の方や近くに住んでいる方のことが気になりましたね。子どもが外で遊ばれへん状況だと聞いて、何かできひんかと思いました」

フリースクールで、子どもと自然を触れ合わせる活動をしていた小野さんは、チェルノブイリ事故のあとに「保養」という取り組みが行われたことも知っていた。しかし、一〇〇人単位で受け入れる長期の保養はできないと躊躇していた。そんなある日、会津若松市の避難所で小野さんがたこ焼きをふるまっていたとき、現地の関係者からこう声をかけられた。

「西日本で子どもの受け入れをやってほしい」

さらにフリースクールの仲間からも、「二、三人でいいから始めてみよう」と背中を押された。二〇一一年六月に開いた最初のミーティングでは、ネーミングについて議論が白熱し、「しんどい目に遭っているからこそ、気楽に来られる雰囲気の名前がいい」と、避難所でふるまった「たこ焼き」を愛称とすることになった。そして「してあげる」という姿勢ではなく「とにかく来てほしい」という素朴な想いを表すため、正式名称に「招きたい」と入れた。

関西では、北海道や南関東などとならび保養が活発に行われている。一九九五年一月に起きた阪神・淡路大震災（マグニチュード七・三）以降、被災地支援への意識が高いためだ。小野さん自身も当時、兵庫県で被災した。

「自分が被災したとき、全国からたくさんのボランティアが来てくれて、やはり単純に嬉しかったんですわ。よそで災害が起きたら、自分も何かしようと思っていました」

日本は地震大国で、全世界のマグニチュード六・〇以上の地震のうち約二〇％が日本周辺で発生している。[31] 二〇〇七年の新潟県中越沖地震を経験した保養支援者も、「被災を経験した者の共感のようなものが、支援を活発にする」と語ってくれたことがあった。

阪神・淡路大震災の経験から、小野さんは大災害後に起きる地域の中の問題も予想していた。自然災害である阪神・淡路大震災でも、地域間や家族間の被害の違い、復興の状況の違いなどで小さな分断が起きたのだった。小野さんはそういった点にも配慮しながら七年間保養の活動を続けてきた。

二〇一一年夏のキャンプはただ無我夢中だった。お金、人、泊まるところの手配など準備は大変だったが、小野さん自ら福島県内でチラシを配り、それがきっかけで地元の新聞にキャンプ情報が掲載され、参加者が集まった。

保養のあと、子どもたちの間で同志のような絆が生まれ、新幹線で帰るときには、「帰りたくない」と泣きながら連絡先を交換していたという。子どもたちが福島に着いてからすぐ、保護者の方たちからたくさんの長文メールが届いた。感謝とともに、「お母さん、明石では土を触っていいんだよと子どもが言った」など、切実な思いがつまったメールだった。

「そのとき、たこ焼きキャンプのメンバーで、これはやりつづけるしかないと決意したんです」

たこ焼きキャンプは子どものみの参加がメインであるため、子どもとどのように向き合うかという点を大切にしている。約二週間のキャンプを充実したものにするため、事前に参加予定の子どもたちとミーティングも行う。子どもたちは、自分たちが何をやりたいかを考え、ルールや献立、Tシャツの色を決める。同団体ではリピーターを優先して受け入れており、そのため毎回半分程度がリピーターで埋まる。「子どものみを預かるキャンプでは、精神的なケアを継続的にできるよう、同じ場所に来たほうがよい」と小野さんたちは考えている。

「リピーター優先だと、それ以外の人が拒否されているように感じると、福島の方に言われたこともあります」

そういった思いに応えるために、小野さんは、保養を主催する団体を増やす努力をしてきた。「ほようかんさい」という保養団体のネットワークを生かし、団体間の交流や連携を通して支え合っている。関西の団体の交流会は二ヵ所で、合わせて五〇回以上行われている。その中で新たに保養に取り組む団体が、今も生まれてきている。

「二〇一一年の夏に、キャンプに参加した福島の子どもたちが明石の商店街でマイクを持ってインタビューをする、という試みをしたことがあります。子どもが「ぼく、福島から来たんです」と言うと、道行く人がみんな「大変やったね。兵庫県も大変やったけど、あんたたちはもっと大変やな」と声をかけてくれました。その子がにっこりと笑った様子は忘れられません」

阪神・淡路大震災で死者一一二六人を出し被害が甚大だった西宮市。そこに住むたこ焼きキャンプのスタッフの方が交流会の席で、ふとこう漏らしたことがあった。

「3・11が起きたとき、阪神大震災の朝に感じた「世界が終わった。明日どうなるか分からへん」という感覚がぶわっと湧き戻ってきたんですわ。いてもたってもいられへんくなって、そのままボランティアをしてます」

明石のタコと福島の赤べコ

そういった共感から初年度はボランティアが二〇〇名以上集まり、その人数の多さを見た保護者たちが「こんなにたくさんの人が迎えてくれるなんて」と嬉し泣きする場面もあった。

たこ焼きキャンプでは、年に一回スタッフが、福島県内のNPOが主催するスタディツアーに参加するなど、原発事故の被災地を知る取り組みを欠かさず行っている。避難区域へ帰還した方のお話を伺ったこともあった。そのとき小野さんがたこ焼きキャンプのパンフレットをその方に見せると、じっと子どもたちの写真を見たあと、「こういうことが大事なんだよ。ハコモノをつくることじゃなくって中身が」と笑顔を見せてくれたという。避難地域の人たちに何もできないでいることへの胸のつかえが取れたような気がしました、と小野さんは語った。

インタビューに訪れたたこ焼きキャンプの宿泊施設では、明石のタコのぬいぐるみと福島の赤べコが並んで置かれていた。大災害の「経験」が他者への「共感」となって、細やかな人間関係の糸で福島につながっていく。それが「保養」を支える一つの足場となっている。

自然体験の視点から

「「福島の子は自然体験活動が足りない」と言うと、「東京の子はそもそも自然になんか触れられない」と反論されることもありますが、私たちの生活には、いつも海がありました[32]」

南相馬の方にそう言われたことがある。

「浜通りの人たちは甘えてる。海なんか入れなくても生きていける」

あるとき私にそう語った福島市の男性（五〇代）は、事故後に出荷制限がかかり食べにくくなった中通りの山菜がいかに美味しいか、それを食べられないことがどれほど困るかと力説していた。

放射性物質は自然に取り込まれやすく、また、自然の中で循環する。今回の事故でも「町」よりも「自然」のほうが大きな影響を受けた。この節では、自然体験活動を重視した保養支援を通して、失われたものやその影響を考えていく。

「アースマンシップ」は、二〇年以上自然体験活動のプログラムを提供してきた東京のNPO団体である。震災後は二〇一一年四月から宮城県気仙沼市で支援活動を行っていたが、「福島を素通りしていくことにいつも心が痛んだ」とスタッフの岡田直子さんは当時をふり返る。一二年に入り、浜通りの保護者団体から依頼されたことをきっかけに、福島の子どもと保護者が一緒に参加できる三、四泊のキャンプを始めた。

初年度は「東京も汚染されているのに保養をするなんて」[33]とバッシングも起きた。アースマンシップでは、毎年奥多摩にあるフィールドの土壌汚染や水を測定している。測定所に依頼してホットスポットファインダーでの空間線量測定も行った。それらをホームページに公開することで、参加者に判断してもらうようにしている。代表である岡田淳さんは常に測定器を身につけている。募集は現地団体と連携を行っているが、毎回定員の二、三倍の応募があるという。海プログラムはとくに人気だ。

「「目の前の海に今は入れないけど、子どもたちにも海の素晴らしさを経験させたい」と応募してくる保護者さんが多いですね。事故前はサーファーだったお母さんが、海に向かって駆けていく子どもを見ながら、「夫にも見せたかった」とぽろぽろと涙をこぼしたときに、この活動を続けなくてはいけないと思いました」

一年目は一〇〇円ずつの寄付金を一万人から集め、一〇〇万円の開催費を捻出することができた。しかし次の年にも集めようとすると「まだ金の無心をするのか」と言う東京の人もいた。現在では「大地を守る会」などの企業が協賛してくれたことで、安定的に子どもを受け入れることができている。

アースマンシップの山のプログラムはフリープログラムで、電気もガスも水道もないフィールドで子どもがやりたいことを行う。学校や塾で、大人からの指示に受け身であることに慣れている子どもたちは、自分がその日一日何をしたいかがすぐには分からない。しかし徐々に自分が何を好きか何を嫌いかを理解してシンプルに動きはじめる。

「最初の年は、放射能のことが一番頭にあって子どもを受け入れていました。けれど、ただ子どもを移動させて甘やかし放題の保養プログラムを見たことがあって、こういう保養をいくつやっても子どもの成長のためには意味がないと思いました」

同団体では、心のケアも重視しているという。

「同じ地域の中で人が出ていっていたり、仕事を失っていたり、大人も疲れている。参加できる保護者さんには日常を離れてほっとしてほしいと思っています。スタッフから事故の話はしないというルールにしていますが、ふとした会話の中で避難を経験した子どもが「いまのおうちはもともと住んでるおうちじゃないんだけどね」と漏らしたり。事故後に数回転校している子にも出会います。私たちも保養をしながら子どもや保護者さんからたくさんのものをもらいます。福島から来た子どもたちは東京の子どもたちより、自然をありのままに受け取る子が多いですね。「かわいそうな子どもに何かしてあげる」という発想ではなく、私たちは自然の中でみんなで生きているのだと、お互い様の助け合いをしているという発想で動くように団体の中でも共有しています。事故直後の熱にうかされたような気持ちではなく、受け入れる側が根っこのある気持ちを持っていないとだめなんです」

岡田さんはそう強調した。

「根っこを育む」をテーマとする自然学校「ＮＰＯ法人森の遊学舎」は、二〇〇〇年に設立され、二〇〇八年に東京から福島県南会津町へ移転し、活動を続けてきた。代表の大西琢也さんは、保養を始めるきっかけとなった二〇一一年五月五日をふり返ってこう語る。

「会員さんから電話がありました。「私の甥が高線量の福島市にいるから線量が低い南会津で受け入れてほしい」と。津波に関しては震災の一〇日後から自然学校の仲間と支援に入っていましたが、原発の問題は難しすぎて自分には対応できないとどこかで思っていました」

「うちには人を受け入れるお金もスタッフも施設もありません」と断って電話を切ったあと、大西さんは胸の中に強烈な違和感を持った。そして自分が、できないと決めつけていると気づいた。しかし、そういう自分の態度や行動が原発事故を起こすような社会をつくってきたのではないか。もう一人の自分が、後ろ向きな自分の肩を叩いてそう声をかけた。

「じゃあ、できる理由を探そう」

そう思い立ち、受け入れる場所を探した。幸い自宅の前にあった築一〇〇年の古民家を借りられた。そして妻や仲間たちとともに、粗大ごみを三トン余り搬出し、床の修復から始めた。二〇一一年の夏、大西さんたちは「こめらの森・南会津」と名づけたプロジェクトで七泊八日の保養キャンプを行った。一回につき定員一二人として、これを五週間にわたってくりかえそうと考えていた。しかし、募集前の準備段階で、福島県内から二〇〇件以上の電話がすさまじい勢いでかかってきた。私たちは「福島」とくくりがちだが、放射性物質の拡散は非常に複雑でまだらに起きた。福島第一原発から南西に約一一九㎞程度離れた南会津では、毎時〇・〇六マイクロシーベルト（平常時の一・五倍程度）と比較的汚染が低かった。しかし震災直後には大量の毛布が支援物資として送られてきたこともあった。「福島全滅のイメージになっているのだなって思いました」と大西さんは語った。

大西さんは自然の木と木を擦り合わせて、最速五秒で火をおこす達人だ。森の遊学舎では「生活の体験」と「感動の体験」を大切にしている。五歳からナタで薪を割り、昔ながらの羽釜でご飯を炊く。海水から塩を作る。皆で力を合わせ杵で餅をついたり、味噌をつくったりする。そういった体験を通して、子どもも大人もつながりの中で生かされていることに気づいていく。自分のできることやできないことを発見していく。その過程が大切だという。「成長」という分かりやすい言葉ではなく、子どもが自分で変わっていく。

「震災で起きたつらいことを忘れられました」

参加した子どもから、そう書かれた手紙が届いたこともあった。

自然体験活動に足場を置きながら、保養を行ってきた団体に共通して言えるのは、安全管理の質が非常に高いことである。子どもを「安全」な中で管理するのではなく、「危険」もある自然の中で受け入れるには、深い責任感とスキル、経験が求められるためである。大西さんは、この七年間で保養支援団体向けに安全管理研修なども行ってきた。

アースマンシップの岡田さんに「自然」について伺ったとき、こんな答えが返ってきた。

「とにかく自然は包容力があって許容量が大きいので、その中にいると自分が受け入れられているると感じる。そういう体験は大切だと思います」

森の遊学舎の大西さんはインタビューの最後にこう語った。

「自然は人間の生きる力を育んでくれる。原発事故でそれが壊されたのが本当に悔しい。私自身も震災前は、自分たちが自然の中で暮らせれば、それで満足という気持ちがありました。でもそういう安易な都会vs田舎という視点では、駄目だと気づきました。今、福島県の中ですら放射能への不安や心身の保養について話せる土壌がないように感じます。まずは話せる人が語ることで、他の人も話せる社会の土壌を耕す必要があります。起きたことは変えられませんが、一人ひとりの経験や生き方、そして命の根っこを見つめなおし、再度、育んでいくことが大事なのではないでしょうか」

長い時間をかけて自然環境が回復していくとしても、事故後に子どもたちが「自然」を体験する機会を失ってしまったのは確かである。それを根っこのある活動でゆっくり取り戻していく必要がある。

教育キャンプ

原発が象徴する「科学」をアンチテーゼとして、失われた生活や自然に思いをはせる。保養はそういったロマン主義的な活動だと思っている方も少なくない。しかし、日本で行われてきた保養の核となる思想はそこではないと私は考える。

慶應義塾大学湘南藤沢キャンパス。そこを舞台として行われるアカデミーキャンプでは、ドローン、人工知能、ディープラーニングなどの最先端科学の言葉が飛び交う。二〇一七年春に行われた「空飛ぶ教室」キャンプでは、子どもたちは初日に七メートル飛ばすことを目指し自作の紙飛行機をつくった。飛ぶ紙飛行機、飛ばない紙飛行機さまざまで、子どもたちは悔しがったり喜んだりしながら創意工夫をする。その後に、よくある誤解なども参照しながら、現在正しいとされる飛行機の揚力の理論を学び、自分で改良していく。二泊三日の体験プログラムを終えると、子どもたちは自分で問題解決をしていく「姿勢」を身につけているという。

「自分で考えず、ただみんなで一緒のことをやる。日本の学校はそういう子どもを育てようとしてきました。しかし、これからの時代はロボットや人工知能のほうが「従順」な行為は得意なんです。だから人間に重要なのは、「自分が何を解きたいか」を知っていること。その解き方を人工知能がサポートしてくれる世界になります」

インターネットと社会が専門の斉藤賢爾先生は、紅葉の始まったキャンパスでそう熱く語ってくれた。私は「斉藤先生はなぜ福島の子ども対象でキャンプを行っているんですか」と質問した。

「事故以前から問題があることが判明していたのに、日本でなぜ原発が増えていったと思いますか」

斉藤先生はこう私に質問を返した。私が考え込んでいると、

「社会の人々が「従順」だったからです。すべての技術は事故を起こし、原発の事故は制御しきれないのに、深く議論されずにここまできてしまった。国や権威が「安全です」と言ったとしても、社会のすべての人が自分で考えて行動すべきだった。事故前は私も行動できていませんでしたが」

斉藤先生は続けた。

「社会の構成員が従順であるということは、その社会が脆弱であるということなんです」

アカデミーキャンプは、二〇一一年夏から毎年最低三回、一〇〇〇人近くの福島の子どもたちを受け入れてきた。一年目は協力団体とＹＭＣＡとともに、静岡の東山荘でキャンプを行った。自然体験に加えてロボットづくりもプログラムに取り入れた。

アカデミーキャンプは人気があり、毎回子ども二五人程度の枠があっという間に埋まり一〇人以上キャンセル待ちが出てしまう。福島県内で汚染の少ない猪苗代町で開催したこともあるが、現在は大学の滞在棟に子どもたちを受け入れて保養を行っている。子どもたちは、楽しいから保養に参加する。保護者は、保養を目的とする方や、「未来指向」の同団体のプログラムに魅力を感じる方など、さまざまだという。

撮影するドローンを追いかける子どもたち

「何を言われても気にしない！　I don't care what you say!」

二〇一七年夏のキャンプでは、アメリカのアニメ『ぼくはクラレンス！』の英語テーマソングを全員で歌った。

「たとえばインターネットも、空気を読まない人が変えていったんです。開発された当初、インターネットは研究者のみで使用していて、英語以外は使うことができませんでした。みんなが分かる言語でないと暗号になってしまうという理由です。なのに、勝手に仕組みを変えて別の言語を使いはじめた人がいたから、世界中の言語が使われるようになりました」

震災当時、斉藤先生には二歳半の子どもがいた。所属していたインターネット技術の研究室では、「情報もインフラ」を合い言葉に宮城の避難所のインターネット接続支援を行った。当時ネットや報道を通して、小さな子どもを抱えた保護者たちの事故に対する不安の声が聞こえてきていた。大学人なので、教育を生かした受け入れをすることを決意し、その結果いまの形になった。

「大変な経験をしたけれど、それだからこそ福島の子どもたちは自分で考える人間に育っていると感じます」

斉藤先生はそう断言する。

「その考える力を潰してはいけない。将来にわたって健やかに育てるように手助けをしていきたいです」

一見、正反対に見える科学教育と自然体験活動の保養。その共通のテーマとして出てきた「自分で考える」という思想が、保養の核の一つである。

「暮らし」の中にある保養

「四〇日間子どもを受け入れる保養があるらしい」

福島の保護者さんから噂を聞いたのは二〇一二年春のことだった。お寺や生協など大きな組織ですかと質問すると、大学を出たばかりの二〇代の若者たちだと言われて驚いたのを覚えている。

自然豊かな京都府南丹市「NANTAN交流の家」で行われる長期保養「ゴー！　ゴー！ワクワクキャンプ」（通称・ゴーワク）では、たくさんの人が一つ屋根の下で生活をともにしている。保養を行う目的は主に、①放射能から遠ざける、②「逃げられない」という心理状況に追い込まない、③つながりをつくる、の三つである。キャンプのふり返り会も行うカフェ、京都市「かぜのね」で、創設メンバーの芝菜津子さんにお話を聞いた。

「3・11のときは、ちょうど卒業の年で動ける状態だったんで始めただけなんです」

芝さんはおっとりした口調でひかえめに語った。二〇一一年三月末にチェルノブイリ支援を続けてきた振津かつみ医師の講演を聴いたことがきっかけだったという。研究者などの協力を得て、その勢いのままゴールデンウィークに保養の受け入れを始めた。

中心となったのは京都精華大学で環境社会学を学んだ卒業生二人。事故直後に福島市へ除染支援に入った細川弘明教授のゼミで、水俣病やアボリジニーのウラン採掘などの環境社会問題を学んでいた。二〇一一年のキャンプ報告書には「新しい世界を作りたい」と題して立ち上げの経緯もつづられている。芝さんが大学で学んでいたことを伺いながら、「地球にやさしいこと」などのキャッチフレーズで広がった「エコ」というイメージとは何か違うと感じた。事故直後、環境教育を行っているNPOから、「保養のような政治的な活動にはかかわれない」と言われたこともあり、私自身が「環境・エコ」という言葉に対する反感を少し持っていたからだ。

「私が学んできたことは、いまの社会、生活のあり方でほんとにいいのかな、何かを踏みつけにして私たちの暮らしが成り立ってるんじゃないのかな、と考える方法ですね」

中学生のときから漠然と南北問題など世界の不平等に違和感を持っていた、と芝さんは続けた。現代社会のあり方を批判的にとらえる若者たち。その言葉のイメージに反して、ゴーワクのメンバーはテンションが高くない。このインタビューも当初「立ち上がる学生」という雄々しい仮題にしたところ、

「立ち上がってはないな。そういう体育会系のノリではないな」

メンバーの一人である伊達一哉さんにこう言われた。

しかし団体の活動の誠実さは、「手伝ってくれる人募集要項」と書かれたボランティア向けのマニュアルにも表れている。そこには、怪我や体調の観察、対応はもちろん、救命処置の手順、子どもたちとのかかわり方、心のことまで二〇ページ近くにわたって細かく説明が書かれている。手に取ると、七年間実践する中で積み重ねてきた知見の重みがずしりと伝わる。

食べ物も、放射性物質だけではなく、農薬や化学肥料、添加物にも気をつけている。ゴーワクに参加した福島市の保護者さんが、「ご飯が本当においしかった。家に帰ってマネするようになった」と言ったのを聞いたことがある。

「始める前は頭で考えてたけど、最近はシンプルにしか考えられなくて。向き合ってる人の持ってる「しんどさ」がいかに軽くなるか。少しでも軽くなるなら、という気持ちです。それくらいしかできひんし」

芝さんはこう語った。二〇一七年の夏は、五四人の子どもたちを受け入れた。保養は「福島県」で区切って募集する団体がほとんどだが、汚染に県境はないという考えに基づき、ゴーワクでは「境界」を引かない。事故後、国から「汚染状況重点調査地域」に指定されたのは、福島、岩手、宮城、茨城、栃木、群馬、埼玉、千葉計八県一〇四市町村に及んだ。ゴーワクのメンバーは公害の歴史を知っているので、賠償や支援の「境界」が引かれたことで被害者が分断されていったことも考慮しているという。

第2章では、日本の社会の中で子どもを長期間保養に出すことの難しさを書いたが、受け入れる側も大きな負担を求められる。一一年の報告書には、保護者のコメントでこう書いてあった。

「スタッフの若い方は、本当にいい人ばかり。「ゴーワクにかかわるために、内定をけった」Mちゃん。「ゴーワクの準備のために、バイトもあまり入れなかった」Nちゃん。「友達のところに居候しながらゴーワクの準備をしてた」Bちゃん。驚きと感動です」

「子どものためにと参加したキャンプですが、実は私が一番慰められたように思います。最初のうちは、気持ちがいっぱいいっぱいで、ことあるごとに涙をながしていました。話を聞いてもらいたい、助けてもらいたいという気持ちだったのだと思います。でも、スタッフのみなさんが身を削っていっしょうけんめい子どもたちのためにやってくださる姿を日々見ているうちに「甘えていられないな、ちゃんと自分たちの足で進んでいかなければならないな」という気持ちに変わっていきました（福島県からの参加者）」

暮らしをともにする。その中で保護者も勇気づけられ、子どもたちも少しずつ成長していく。ゴーワクでは、固定のルールをできるだけ設けないようにしている。こちらから何かを強制したりはしない。

インタビューの中で芝さんは自分自身の責任についても言及した。

「原発事故について、子どもには全く責任はありません。原発事故は自然災害とは違う。「理不尽」な部分が大きい。この社会をつくっている一人として、私にも責任はある。だから大人としてごめんなさいという気持ちがあります。でも年代も近いし、「一緒にがんばっていこうな」という感じかもしれません」

二〇一一年に考えた「新しい世界をつくりたい」という気持ちは変わらないかと尋ねると、こう答えが返ってきた。

「保養は子どもが健やかに生きていくための取り組みの一つだと思う。私たちは「福島の人」とか「被災者」とかじゃなくて、具体的な「人」と出会ったから、あまり頭で立派なことを考えなくなりました。いま大切にしているのは、子ども一人ひとりと向き合うことかな。でも、それがある意味新しい世界をつくることにつながるんかもしれませんね。動けばなんとかなる。自分の考えを言葉に出すだけでも何かが変わる。それぞれの「選択」を他人がとやかく言わない社会、誰かを排除したり踏みつけたりしない暮らしができるといいですね」

「暮らし」の中にある排除や加害の構造を見つめて、同時に自分たちの手でたしかに「暮らし」をつくっていく。ゴーワクの新しい実践は続いていく。

お寺や教会という公共空間

二〇一七年一一月、郡山市の中華料理店では、福島県各地から集まった五〇人と、北海道の保養支援者がお酒を酌《く》み交わしていた。二〇一三年から母子や家族丸ごとの保養受け入れを行っている北海道の「ほっこりプロジェクト」。その同窓会会場では、子どもから祖父母世代までが円卓をぐるりと囲んでいた。和気あいあいとした様子に、室内に入った瞬間、親戚の集まりに紛れ込んでしまったかと思ったほどだった。保養先で知り合った保護者同士、子ども同士が楽しそうに語り合う。

「ほっこりプロジェクトでお寺に泊まったとき、本当に温かく迎えてくれて。根ほり葉ほり聞かれないし、何も強要されないし、かわいそうな人たち扱いもされなくて、居心地が良かったです」

福島市から参加した三〇代女性はこう語った。四人の保護者たちが「保養は旅行とは違う」と教えてくれた。

「原発が爆発した日に、公園に行ってしまったんです。そのことにずっと罪悪感があって後悔してる」

「いま思うとすごい線量だったんだよね」と口々に語る。SPEEDIが公開されなかったことにより、住んでいた地域より線量が高い地域に避難してしまったことが心残りと言う人もいた。

「私は、水くみに行くために長い時間並びました。地震のあとで子どもが不安がるので一緒に連れていってしまいました。でもこうなったからには仕方ない。保養に行って帰ってくると、子どもたちのためにちょっとはプラスになったかなと嬉しい」

ほっこりプロジェクトの代表、加藤泰和住職は、二〇一一年三月一七日から津波支援を中心に、炊き出しや仮設住宅の訪問を行っていた

「その後、長期支援に移行していく中で、「保養」のニーズが高いらしいと支援団体から聞きまして。私たちには、人を受け入れられる「建物」、つまりお寺と、檀家など手伝ってくれる「人」、そして社会貢献に使うための「資金」がある。まさに私たちがやるべき活動だと思いました」

ほっこりプロジェクトでは、北海道内の浄土真宗本願寺派のお寺をとりまとめ、相談者に対し家族で滞在できるお寺を紹介する。モットーは「遠い親戚くらいの距離感」だという。

「空港くらいまでなら迎えに行きますし、時間が合えば一緒に過ごせますが、べったりお世話はしません」

反抗期のときに、保護者と子どもが保養先の住職に相談したというケースもあったという。加藤住職は印象に残っているエピソードを話してくれた。

「二〇一四年、中通りの塾の子どもたちを丸ごと受け入れたとき、初日の自己紹介で「外で遊べない、食べ物には気をつけているという生活をしてきました。こんなに遠いところに私たちを心配してくれる人がいるんだと分かって嬉しい」と一人の生徒が泣いたことがありました。引率した先生も、その子が不安を抱えていることを全く知らなかったそうです。そのときに、私自身も「こんなに必要としてくれる人がいるんだ」と胸が熱くなりました」

二〇一一年以前、加藤住職は、「葬式以外でお寺は要らない」という社会の雰囲気を感じていたという。しかし震災以後、津波支援や保養支援をする中で、苦しみを抱えた人々を支えるためにお寺があることを自分たちでも再確認できた。「思い通りにならないことがある人生を、自分で引き受け前向きに選択していくためにお寺がある」と加藤住職は考えている。熊本地震やその他の災害の際にも、現地のお寺とすぐ連絡をとって駆けつけた。政治的な関心や布教の目的ではなく、「僕らが出せずにいた力を、災害支援を通して発揮できるようになった」と語る。最後に、「お寺とは何ですか」という質問をすると、加藤住職はこう答えた。

「お寺とは、みんなで集まれる場所ですね。こうやって北海道と福島でご縁ができたのは、みなさんがお寺に来てくれたおかげです」

親戚のような「同窓会」は、名残惜しそうに夜遅くまで続いた。

ここではほっこりプロジェクトを取り上げたが、浄土真宗本願寺派以外の各宗派も全国で保養を開催している。二〇一六年には「ストレスを抱えた被災地の子どもを、福島の子どものように受け入れてほしい」と現地から要請があり、熊本の子ども向け保養に取り組んだお寺もあった。また、立正佼成会なども中間支援に力を注いだ。

福島県内のお寺を通して募集を行う団体が多いため、調査等にはなかなか反映できなかったが、安定した建物や資金のある社会的組織の力強さを改めて感じた。

仏教のみならず、ＹＷＣＡのようなキリスト教系の団体も熱心に支援に取り組んだ。また、保養に送り出す際の現地教会による協力もあった。

二〇一七年一二月、中通りの教会に伺ったとき、そこではクリスマス会が行われていた。

赤と緑で飾りつけられた広い一室で、乳幼児から小学生までの子どもと保護者が音楽に合わせて歌ったりクイズをしたりしていた。この教会では、ふだんから保護者のためのサロンや保養情報の提供をしている。スタッフの川村理恵子さん（仮名）はこう語る。

「はじめの一、二年、保護者さんたちは泣いてしゃべれない人が多かったですね。いまは落ち着いてお話をされています。線量は下がってきたけど大きく状況が改善しない中で、切迫感がでてきて疲れているようにも感じます」

子どもたちがケーキを食べる横で、クリスマス会に参加していた保護者の方々にもお話を聞いた。

「保養が減っていると感じます。毎年必死で探しています」

「幼稚園のママ友とは放射能のことは話せないですね。気にしているかどうか、お互い探りあいながらかかわっています。意外な人が「実は気にしてるんだ」と言ったりすることもあって」

保養に行くと不安が煮つまってしまうのではないかとも聞いてみた。

「そんなことないですよ。自分が気にしていることについてしゃべれる解放感があります。あと、子どももいろんな子どもや大人と接して、成長していますね。「心配してくれる人がいるんだな」という安心感があります」

子どもたちに囲まれながら、年配の牧師さんが現状について数値を交えて教えてくださった。最後に語った言葉が印象に残っている。

「私は牧師として何十年も、一人ひとりのいのちを大切にしながらものごとを行ってきました。たった一人の子どもを助けることを毎日くりかえしてきました。でも3・11が起こって、強い挫折感を持ちました。社会システムを変えないと、目の前のたった一人のために何かすることもできない。自分のいのちをこのまま終わらせることはできません」

熱い思いに、聞いたあとしばらく放心してしまった。保養を受け入れる先の方々の達成感と、保養へ送り出す方々が経験した事故当時の挫折感。そのコントラストが悲しかった。「ニセ科学団体が「不安」につけ入り、活動を活性化させ、それにとらわれた人々がカルト化するのではないか」

そんな懸念を、事故直後に評論家たちが口々に論じた。私個人は、人々が「自分の不安を表明すること」と、「カルト的な活動をする。またはカルトに取り込まれること」はイコールではないと感じていた。また、カルトとは「反社会的な行動を取る自己利益追求の宗教集団」であり、「原発事故の被害に遭った保護者による子どもを守るための行動、または支援」がそれと同一視されることに強い違和感を持った。災害や公害など「被害」が存在する事柄において、被害者を表象する言葉として、カルトは適切な用語ではないと今も考えている。

不安を持った人々が集まること。事故直後、エリート層の多くはそれを恐れていたのではないだろうか。「不安な人々がカルト化する」というイメージは、九五年のオウム真理教による地下鉄サリン事件以来、根強く日本の中でトラウマとして残っているものなのかもしれない。たしかに、原発事故に限らず「善か悪か」のストーリーを語る人々には気をつけたほうがよい。オウム真理教はいわゆるマニ教的な善悪二元論で、外側に強い「悪」を想定し、自らを「善」と同一化することで反社会的になっていったとも言われる。しかし、保養支援団体の多くは、原発事故を「自らの社会的責任」と「当事者の権利」の問題としてとらえ、現実的な支援構築を行おうとしてきたと私は理解している。

追加被ばくの不安は「個人の問題」に矮小化されてしまい、外に出せないまま大きな苦しみを生んだ。むしろ不安を「個人の問題」とする圧力そのものが、未来のカルトに取り込まれる人々をつくり出すのではないか。

保養において、お寺や教会など既存宗教による伝統的な「公共空間」が、本音を出す場として一定の役割を果たした。今後「個人化」された物語が、どう「公共」の物語やシステムに戻っていくのかを注視するべきだろう。

福島県の隣人として

二〇一一年三月下旬、山形県米沢市の佐藤洋さん宅では二〇人近くの福島県人がひしめいていた。薪ストーブで暖を取りながら、お互いの葛藤を語り合う。職場に「辞めたい」と電話することに苦しんでいる避難者を見て、「原発事故についてはこれから混乱して、口に出せない問題になるのではないか」と佐藤さんは直感した。

当時、宮城県と福島県に隣接する山形県のボランティア資源のほとんどは、津波支援に向かっていた。佐藤さんは福島県内に友人が多かったため、三月中旬「避難してきてもいいよ」とメールした。それをきっかけに、三春町や田村町などの地域から、木造の一軒家に人々が避難してきた。

そして、山形県が区域外避難者への借り上げ住宅提供を発表した六月以降、福島県からの山形県に怒濤のように避難者が押しよせてきた。山形県内では最大で一万三〇〇〇人以上の避難者がいた。その過程で避難者同士がつながりはじめ、「りとる福島」という避難者団体ができた。佐藤さんは並行して保養支援団体「毎週末山形」を立ち上げ、二〇一三年からはパルシステム連合会から支援を受け、月一回ペースで一泊二日の週末保養を行っている。

「うちの保養は、ある心配事からある時間ある距離を取りたいという方々が参加します。保養はいろんな方が来るので、多様性を保つのが重要ですね。お互いの話を聞くことを重視して、そこで論争にならない雰囲気づくりを大切にしています。大事なのは「受け入れられている」という感覚ですね」

まずは相手の意見を聞く。この対話の姿勢には、事故以前から続けているコウ・カウンセリングが影響しているという。コウ・カウンセリング（再評価カウンセリング）とは、「対等」に「共同」してお互いがカウンセラーとクライアント役になって話を聞き合う。重要なのは、相手の意見を否定せずいったんすべて聞くという姿勢である。原発事故のような複雑で「分断」が起きやすい問題で有効性を発揮することも多く、避難者支援でコウ・カウンセリングを導入している団体もある。

「毎週末山形」は二〇一六年に「TEAM毎週末みんなで山形」と改名したが、このプログラムは、山形県川西町にある木造校舎「おもいで館」で共同生活をする親子保養を行っている。周りは田んぼや畑が広がる里山で、ゆっくりと時間が流れる。交流や自然体験を中心としていて、プログラムはあまり用意しない。それでも二〇人から三〇人程度の枠に毎回二倍ほどの申し込みがある。今まで延べ一二〇〇人以上を受け入れてきた。佐藤さんは保養を行うえで大事にしていることを、独特の表現でこう言った。

「私は、ずばり「リアル感」を大事にしてますね」

原発事故の問題は複雑だ。駅前に行けばどこも平常時に戻っている。保養に来ている人々も、現在は除染された場所で外遊びをさせているケースがほとんどだ。そんな中で、なぜ保養に行きたいと思う人がいるか非常に分かりづらい。しかし隣県の山形の人々は、「目の前に困っている人がいる」というリアリティを否定せず、避難者も保養参加者も「よく分かんねえけど、大変だったんだね」とおおらかに受け入れた。

「生活協同組合であるパルシステムさんと一緒にできているのは、非常にありがたいですね。パルシステムさんはそこに暮らす生産者のことを考える。私たちは帰還した友人たちや保養に来る人たちのことを考える。そこに「リアルな暮らし」があって、それぞれのペースで放射能と向き合っているということを受け入れていかなきゃいけない。複雑な問題があることを受け入れる。「想像上」の被災者をつくらない。それが私の思う「リアル感」を大切にすることです」

佐藤さんは今後の展望についてこう語った。

「しばらくの間、原発事故のインパクトはまだあると思います。当時子どもだった女性が母になったときに、急に不安を感じる可能性もある。そのとき気持ちを正直に話せる場があることは重要です。ですので、顕在的ニーズだけではなく潜在的ニーズも見すえながら、保養する人も避難した人も帰還する人も、その選択が最大限良くなるよう手伝うしかない。そこに住んでいる人の幸福度を下げないよう、遠くからスローガンをぶつけるようなことはしないで、息長く良き隣人でありつづけたいです」

隣にいて、相手の話を否定せずに聞く。相手の呼吸や選択に合わせた支援が、細く長く行われている。

避難者「だから」支援する

「アレルギーを持つ子どもを受け入れられる保養はないだろうか」

村上日苗《かなえ》さんのもとに福島から一本の電話がかかってきたのは、二〇一三年のことだった。現在、三重県で保養受け入れを行う村上さんは、福島県飯舘村で「なな色の空」というレストラン、民宿、自然農園を運営していた。自然を収奪せず、人を搾取しない生き方をしようと一〇年かけて夫婦でつくりあげた場所だった。

二〇一一年三月一一日、山全体の不気味な地鳴りから始まった地震は、くりかえし波のように続いた。幸いなことに自宅やレストランの建物や周辺に被害はなかった。つくりあげた自給自足コミュニティでは、自然災害でライフラインがストップしても、食べるもの、水、薪などの燃料があった。しかし夕方、ラジオから流れてきた情報で事態は一変する。福島第一原発の電源喪失の一報だった。

村上さん一家は一二日未明には山形県に避難し、そのあと数日かけて静岡県浜松市、三重県へと移動した。移動しながらも知人やお客さんのことが心配で電話すると「飯舘を出たはいいがどこに行ったらいいか分からない」と相談された。一五日には飯舘村がホットスポットになったことが報道されていた。そこで、村上日苗さんの夫である真平さんが出身校（愛農学園）に相談し、一ヵ月間八〇名近くを三重県で受け入れることになった。

「自分も知らない土地に避難して、でもその先でさらに受け入れをやってへとへとでした」

村上日苗さんは軽くため息をついてから当時の様子を話してくれた。

四月の学校再開を機にほとんどの人が福島県に帰っていった。村上さんはそれからも、飯舘に残って放射能を気にしている人向けに野菜の支援を行った。近くに住む避難者が話せる場がないと知れば、月に一回「なな色の空おしゃべりサロン」を主催した。聞いているだけで目が回るような勢いで、自分以外の人のためにサポートを行いながら、村上さんの避難した先での生活再建は困難を極めた。娘が避難した学校で「ほうしゃのう」と背中を蹴られたこともあった。自然豊かな飯舘村のようなところ、子どもたちの教育に適した小規模校を探して、数度引っ越しも重ねた。

「五年間は笑うことができなかったですね」

村上さんは下を向いてつぶやいた。これまでの歩みを伺っているとこちらも胸が苦しくなった。二〇一七年九月にお邪魔した京都府京田辺市の「なな色の空」は、念願かなってようやく再開できたお店だった。ご自身にも重度のアレルギーがあるという村上さんが選んだ、アレルギー対応の食べ物や無農薬でつくったお米や野菜が店頭に並ぶ。店内は優しい木のぬくもりが溢れていた。二〇一四年から要望に応えて始めた保養でも、食べ物を大切にしている。アレルギーがある子もない子も一緒に食べられるオーガニックでおいしい食品を選ぶ。

「寄付金を集めるだけでひと苦労ですね。それでも交通費支給をできていなくて、多くの方や経済的に困っている方を受け入れるのは難しいです」

飯舘村に残してきた土地は約六ヘクタールで、東京ドームがすっぽり入るほどの広さがあった。森林は除染対象外なので、「敷地の二割だけ除染しました」と村からは報告された。裏には森があり、線量がいったん下がってもまた上がってしまう。二〇一六年に帰宅して測ったとき、除染済みの場所で毎時五マイクロシーベルト（平常時の一三一倍程度）ある場所も見つかった。

「同じ福島でも、自然があったところとなかったところで違うんですよね」

村上さんは悲しそうに語った。避難してきて一からこつこつと生活を立て直した。子どもたちを育てながら、それに保養支援がプラスされると非常に負担が大きい。

「避難しただけで大変なのに、なぜ保養支援までなさるんですか」

そう聞いた私に村上さんはこう答えた。

「避難者だから保養受け入れをするんです。そこにいるお母さんで気にしている人の気持ちが分かるから。求めている人がいる限りやりたいです」

村上さん以外にも、保養を開催している避難者は少なくない。中通りから関西へ区域外避難している保養支援者さんが電話口でこう漏らしたことがあった。

「福島の中にいろんな考えの人がいることを私は大事にして保養受け入れをしています。ニーズもずっと続いています。だけど、自分が住宅支援打ち切りで帰還を検討しているときに、なんで避難者の私が保養支援しているんだろうと思ったこともありました。保養運営の寄付金集めや準備の大変さにくじけそうになるときもありました。でも毎日「原発事故っていう簡単に解決できないことと向き合っているから、こういう風につらいのは仕方ないのだ」と自分に言い聞かせています。いろんな思いを抱きながらも、自分で選択して活動を続けています」
二〇一一年以降、原発事故による広域避難は全県に及んだ。辻内琢也教授ら（早稲田大学災害復興医療人類学研究所）とＮＨＫの共同調査（二〇一五年）によると、全国に避難している人たちの五二・五％が心的外傷後ストレス障害（ＰＴＳＤ）の可能性があるとされている。それは阪神・淡路大震災、新潟県中越沖地震の先行研究と比べてもきわめて高い数値だという。[34]
避難にともなう経済的問題、家族の問題、新しい土地への適応の問題。さまざまな重しを背中に乗せられて、それでも同じ境遇だった人たちのために保養を開催する。その姿を見て、事故当時避難できなかったお母さんや子どもの中にあった「見捨てられた、置いていかれた」という心の溝が埋まっていくケースも少なくない。
重しを乗せたのは誰なのか。それでも前を向こうとする避難者の方たちに、福島やその周辺の汚染地域以外に住む私たちが甘えているのではないかとも感じた。

当事者の立場から見える風景

これまで、保養を受け入れる側の支援者の実態を見てきた。しかし、受け入れ支援者だけで保養が成り立ってきたわけではない。保養の送り出しに協力する現地の支援者も多く存在した。「福島の子ども保養プロジェクト（コヨット！）」の発起人の一人である、西﨑伸子さん（福島大学行政政策学類教授）に、郡山市でお話を伺った。

コヨット！は、「子どもの健全な成長をうながす」ことを目指して、二〇二〇年度まで保養を続ける予定にしている。住宅地や通学路などの除染が進み、空間線量は低下し、内部被ばくは食べ物である程度コントロールできる現状を踏まえたうえで、子育て中の家族の不安に寄りそっているという。子どもの心身の発達にとって、外遊びや自然体験は大きな意味を持つ。長期間に及ぶ外遊びの制限などの影響を考え、事故当時生まれた子どもたちが満一〇歳の誕生日を迎えるまでは、支援を存続させることを目標として活動してきた。[35]

同団体では、子どもの年齢や目的に合わせて、①週末保養企画、②就学児週末保養、③県外受け入れ保養企画、④子ども遊び塾週末コースを用意している。全国の生活協同組合関係組織等の協力のもと、二〇一七年三月までに累計一六六二企画、延べ八万一〇一三人が参加してきた。安心して子どもを参加させることができると保護者に評判だ。

西崎さんは大きな目でじっとこちらを見つめてこう語った。

「原発事故後の状況については、「当たり前に受容できるはずの権利」の侵害の問題なのだと認識しないと、本質が見えてきません」

震災当時六歳の娘を抱えていた西崎さんも、事故後数年は孤独な戦いの日々だったという。そんなとき、保養に参加して、同じ境遇の人々と語り合うことが現実と向き合う力を与えてくれた。コヨット！のアンケート調査からも、「保護者が安心して語れる場」として、保養が機能していることが分かっている。

「避難や保養を逃げるような行為だと否定的にとらえる人もいますが、自分の権利を侵害されたら、逃げることはそもそも悪いことじゃないんです」

アフリカの国立公園設立予定地から追いだされた地域住民の研究を行ってきた西崎さんは、

現在の状況をこう分析する。抑圧されたらとりあえず逃げる、いったん沈黙してやりすごすというのも一つの抵抗・意見の表出のあり方だという。戦って死ぬことを名誉とするマッチョな思想のもとでは、逃げることは「女性的」で勇気のないものだと批判されやすい。しかし、追加被ばくを避けたり、いったん逃げたりするといった行為は、権利の守り方の一つなのである。

「今回の原発事故で、日本は社会的同調圧力が強い社会であることが改めて分かりました。震災後に力をつけた市民が、負けずに少しずつ声を上げていくしかないのではないでしょうか」

西﨑さんはそう締めくくった。

私もこれまで、「黙れ」「余計なことをするな」という同調圧力を受けた保護者の方々に出会ってきた。避難指示地点に隣接する小さな自治体で活動をしていた菅野幸子さん（仮名・四〇代）と、根本みほさん（仮名・四〇代）は、そのつらい経験を教えてくれた。

菅野さんとの出会いは、二〇一一年夏だった。最初に私に連絡してくれたとき、避難指示が出た隣の町の人たちをひどく心配していたことを覚えている。私が送った保養チラシを避難所に持っていったあと、菅野さんは避難指示が出た地域に寄った。

「当たり前なんだけどね、誰もいなくて。私たちはあまり線量が変わらない隣の町でそのまま生活していて、ふと取り残されたような、線引きされたような気持ちになったの」

その後菅野さんと根本さんは、小さな子どもを抱えたお母さん向けに保養情報を伝えたり子育て相談会を開催したりと、自分たちの力で動いていく。当時、自分の子どもが小学校高学年以上だった女性の保護者たちの間で、このように下の世代の子どもたちのために動いたケースはよく見られた。

しかし、二人が行政に除染するよう働きかけるなど目立った活動をすると、地域で白い目で見られるようになった。勇気を出して保養支援者に話をしに行き、居住地域の人たちが参加しやすい仕組みをつくったこともあった。そうした努力の甲斐もあって、その地域からは多くの人が保養に出かけている。しかしこっそり隠れて行っているのか、何のリアクションもなく、二人は報われない気持ちにもなった。

支援者として入ってくる人々との関係に苦労することもあった。突如として行政の代わりに支援を分配しなければならない立場になり、日々の生活に上乗せされたボランティア活動で二人は徐々に疲れていった。しかしそれでもこつこつと、七年間地域の中で活動を続けている。

森まきこさん（仮名・五〇代）もまた、汚染のあった地域で子どもを「保養」に送り出す活動をしていた。しかし二〇一一年当時、声を上げる母親に対する地域の風当たりは強かった。その風が家族にまでおよび、娘が担任に嫌味を言われたり、学校で肩身の狭い思いをする事態になった。

「娘にね、「お母さんは子どもを守るって言ってるけど、私のことはちっとも守ってくれないじゃないか」と言われたことがほんとつらかったですね」

二本松市で久しぶりに再会したとき、森さんは優しい眼差しを伏せて語った。

二〇一七年以降の「保養は差別を生む」というキャンペーンの結果、支援者とともに保養を主催している当事者団体や保護者が強い糾弾を受けたこともあった。都会の極端な運動やネットのデマを駆逐するために「善意」で行われることが、結局は「追加被ばくを避けたい」と願うある一定数の当事者たちを踏みつけ選択肢を奪っていることにそろそろ気づいてほしい。

原発事故から五年以上が経ち、次々と情報が明らかになったとき、森さんの娘がある日ふと「お母さんがやってたことが正しかったんだね」と認めてくれた。森さんの少し緊張した表情はほぐれ、もともとの柔和な笑顔が戻ってきていた。

当事者の立場から声を上げ仕組みをつくっていくことの難しさ。七年間、福島県内などの保護者たちと語り合いながら、それを強く感じている。とくに、当事者で声を上げる人々に強い圧力と負担がかかったことをここに書き留めたい。

災害ユートピア

本章では、さまざまな立場から保養を行う支援者を見てきた。最後に、なぜ「保養」という支援が立ち上がり、市民の努力によって続けることができたのかを考えていきたい。

レベッカ・ソルニットは『災害ユートピア――なぜそのとき特別な共同体が立ち上がるのか』において、いくつかの災害を事例とし、二つのことを明らかにした。

一つ目は、災害などの大惨事に直面したとき、人間がパニックに陥ることは意外にも少ないということである。むしろ人々は、冷静に思いやりを示し、多くの利他的な行為をしばしば行う。普通の市民は、麻痺した行政機関に代わって、自らや隣人のために被害軽減や被災者救援にまい進する。そこには、職業やイデオロギーそして階層に関係のない、人間としての連帯とパラダイスのような共同体が出現する。たしかにその共同体は維持不可能であり一過性のものに過ぎない。多くの人にとって、それはつらい時期にほんの束の間実現したユートピアであるが、災害が終わり日常社会に戻ってからも、その経験から大きな精神的影響を受けつづけるという。

そしてもう一つ明らかにされたのは、災害時にしばしばパニックになるのは普通の市民ではなく、社会において支配的な地位にいる権威者や裕福な者など、「エリート」であるということである。彼らは、災害による変化が、自らの地位や権力を揺るがすものだという利己的な恐怖にかられ、ときに「エリートパニック」を起こす。そして「一般市民がパニックを起こす」と思い込み、情報を隠蔽する。状況によっては、災害時に立ち現れる共同体を敵視し、暴徒とみなし鎮圧を試みることすらある。さらには、イデオロギーに固執したり、災害をチャンスととらえ、かねてから実行しようとしていた政策を被災者の犠牲の下で行うといった事例もある。

「災害ユートピア」は東日本大震災後も立ち現れ、多大な被害があった地震・津波被災地では多くの市民が支援に入り、地元の人々は家のない被災者を受け入れた。

では、原発事故ではどうだっただろうか。

原発事故は目に見えない災害であった。そのため「どのような危機なのか」を把握するためには、情報や数値に頼らざるを得ず、被害は（とくに中通りでは）徐々にしか明らかにならなかった。一方で、見えない、感じないがゆえに、地域や家族間の認識の違いによる分断も深刻であった。これは現在もなお地域によっては深刻である。同時に、チェルノブイリ事故の経験から防げたこともあった一方で、「第二のチェルノブイリになる」という曖昧なイメージが社会に緊張を走らせもした。

二〇一一年に香川県の保養に参加した母親は、小学五年生の息子がキャンプから帰宅したときの様子をこうアンケートに書いた。

「郡山でバスを降りて、次のバス停に向かうバスを見送るとき、息子は私の陰に隠れるようにしていました。よく見ると目から大粒の涙がポタポタと流れていました。帰りの車の中で「保養先では」みんな家族だったんだ」と話してくれました」

保養に参加した中学一年生の女子はこうコメントを残している。

「保養で仲良しになった子が「3・11がなかった時に戻りたい」と言ったとき、私が「3・11がなかったら皆と出会えなかった」と言ったら、「じゃあ、（戻れなくても）いいか」という話になった。保養が3・11より大きな大切な思い出になった」

保養においても、事故後七年以上をともに過ごした人々は、「ユートピア」と名づけるにふさわしい特別なつながりをつくった。しかしそれは地域全体の絆とは必ずしも同一ではなかった。インターネットなどの影響もあり、地域の枠を越えて「同じ思い（追加被ばくをしたくない、復興したい）など」を持つ人々がそれぞれ結ばれ、結ばれなかった人同士の間には溝ができてしまったのではないか。また、自然災害ではない原発事故は、激しい怒りも生んだ。しかし、怒りを持った人の多くは言葉に出さず胸の内にぐっとため込んだ。

レベッカ・ソルニットが描いたように、緊急時の「ユートピア」は長くは続かない。人々は「日常」に戻ることになる。しかし追加被ばくを受け入れたくないと感じた人にとっては、帰りたい「完全に元通りの日常」は奪われてしまっている。

事故から七年。「ユートピア」ではない、持続可能なシステムの再構成が求められる。

第4章 保養の課題——調査とマッチングから

この章では第一章でも触れた「保養実態調査」、マッチングなどを通して「保養」の課題を見ていく。全国で二〇〇以上の団体が行う保養が、帰還が進む中でなぜなくならないのかを示す。

資金・スタッフの不足と疲弊

保養について、「風評被害をあおってお金を得てそれで生活している人が多い」などという根拠のない非難を受けることもある。しかし、第二回保養実態調査によれば、有給スタッフを持たない団体が七四・二％であり、保養専属の有給スタッフは、よほど大きな団体や、他にも事業を行っている団体での兼任以外、ほとんど存在しないことが分かる。ボランタリーな活動という制約上、子育てがひと段落した四〇代から六〇代の女性を頼りに運営されている傾向があった。

収入については五四・六％で寄付金が最も多くを占め、助成金が二〇・三％、参加者の参加費が一一・〇％であった。それに対し、「ＮＰＯ法人の経営状況に関する実態調査」（日本政策金融公庫総合研究所、二〇一二年）によれば、全国のＮＰＯ法人の収入内訳（一法人当たり）は、寄付金・協賛金が四・二％、補助金・助成金が一四・三％、行政からの委託事業が二六・七％、自主事業が三七・三％である。

　ここから、保養支援活動が事業収入や公的な補助金ではなく、寄付金に大きく頼った活動であることが見えてくる。寄付金に依存せざるを得ないのには二つの理由が考えられる。一つ目は、被ばく回避行動自体が政府の方針と異なるため、行政が率先して行う事業にならず、「保養」そのものを対象とした補助金や事業委託が存在しないという点である。二つ目は、自主事業収入の割合が低いことが挙げられる。保養の「参加費」が一般的なＮＰＯの「自主事業収入」にあたるものだが、保養の担う福祉的な側面に鑑みると、当事者から多くのお金を取ることが難しい。参加費を上げるほど、貧困家庭、母子家庭、病児や障害のあるお子さんがいる家庭は保養に行きにくくなる。つまり、本来優先して保養支援を届けたい子どもたちに参加の機会を与えることができなくなるのである。

　二〇一五年に実施した第一回保養実態調査では、収入全体に占める割合が四％であった参加者参加費が、第二回調査では一一・〇％に上がっている。これは第一回調査では七一％であった寄付金収入が五四・六％に減ったためと考えられる。多くの団体において寄付金収入は年々減少の傾向にある。とくに事故後五年目を境に赤字に転じた団体も少なくない。保養実態調査は保養団体を通しての任意の回答であるが、鈴木一正氏による二〇一六年の調査[36]では、二〇一三年と二〇一六年を比較すると、ネット上で募集される保養の枠が一割程度減少し、保養開催日数も全国平均で〇・九日短くなっていることが分かる。

第二回保養実態調査によれば、保養団体の支出については、参加者の交通費が三五・七％と一番大きな割合を占めた。とくに二〇一四年四月一日より、国の安全対策強化で貸し切りバスの運賃が値上がりしたことも大きく影響したとみられる。参加者の食費は一二・四％であり、交通費に比べかなり少ない。これは食べ物が生産者などから直接物品提供されやすいので、金額として表れにくいためと考えられる。宿泊費はこれまで見てきたケースのように、公共施設やお寺など受け入れ地域の協力を得ることで金額を下げる努力が行われている。しかし、震災から六年以上経ち、とくに公的施設の協力が得られにくくなっており、第一回調査の六％から一八・六％と宿泊費の割合が増えつつある。

緊急的な災害支援（地震・津波など）ではこのような収益構造であることが多いが、七年以上続けていく事業としては非常に厳しい収益構造であると言える。

保養団体が主要な課題として挙げたのが、「活動のための資金が不足している」（三七団体）、「スタッフの人数が不足している」（二九団体）であった。二番目に多かった「原発事故や支援に対する関心が低下している」（三四団体）は、資金不足とスタッフ数不足の主な原因ともいえるだろう。他方で、主要な改善希望点は、「国や自治体で保養を行ってほしい」が三六団体と最も多かった。当事者の需要があるため、行政の代わりに保養受け入れを続けている団体が多数であるといえる。

保養情報にアクセスする権利

災害支援の現場において重要なのは、支援が被災者に平等に行きわたることである。保養もそれを目指して実施されてきたが、十分に実現できていない。毎年「保養なんてものがあるのを初めて聞きました。もっと早く知りたかった」という保護者の方に出会い、自分の力不足を感じてきた。

二〇一一年以降、保養団体は保養情報を現地に届ける努力を行ってきた。はじめに福島県内の保護者から求められたのは、紙媒体での保養情報だった。私は二〇一一年四月より紙媒体による保養情報の配布を続け、一四年、一五年には「リフレッシュサポート」として年間六〇〇〇冊の保養情報誌を福島県向けに無料配布した。インターネットやスマホの普及や、大々的に広報できるほど保養プログラムの参加枠が十分でないこともあり、二〇一六年からは紙媒体を発行していない。

また、「保養情報にアクセスする権利」のための実践として、ホームページ「ほよ～ん相談会」がある。国際ＮＧＯ・ＣＷＳ Ｊａｐａｎの支援を受けて立ち上がり、現在、３１１全国受入協議会、みみをすますプロジェクト、ＥｎＶｉｓｉｏｎ環境保全事務所によって運営管理されている。二〇一二年七月から運用を開始し、一七年三月までにアクセス数は一二〇万件を超えている。二〇一三年度は二七万七〇〇〇件、一四年度は三〇万件、一五年度は二七万六〇〇〇件、一六年度も二七万六〇〇〇件と、七年経った現在までアクセスは横ばいである。

他方で、登録される保養プログラムは、二〇一三年度二三九件、一四年度は二一五件、一五年度は一八一件、一六年度は一六二件と、年々減ってきている。資金不足や人材不足で保養自体が減っていることが大きな理由と考えられる。また、最初はネットで広報していた団体が、現地と独自のつながりをつくり直接募集するようになったことも一つの要因である。

３１１受入全国協議会によれば、ホームページ「ほよ〜ん相談会」自体も、二〇一七年四月に資金が切れたという。保養情報のためのインフラそのものが厳しい状況にあることがうかがえる。

保養相談会――顔の見えるマッチング

「いっぱいキャンプの情報があるよ。今からおいでよ」

保養相談会会場に来たお母さんたちがママ友に電話をかけながら次々と来場してくる。その中に、キャンプのチラシを手に握りしめて孫に謝っている女性がいた。

「去年は抽選に外れて、夏に外に出してあげられなくてごめんね」

二〇一二年六月、伊達市で行われた保養相談会には二〇〇組以上の家族が駆けつけ、会場はまっすぐ歩けないほど混み合っていた。会場近くの駅の構内には、線量が毎時〇・二三マイクロシーベルト（平常時の六倍程度）と書かれていたが、一歩外に出ると毎時〇・六マイクロシーベルトに上がった。保護者さんたちは、乾いた布が水を吸いとるようにキャンプのチラシを集めていた。都会である福島市や郡山市と比べても保養情報が届いておらず取り残されているのを感じた。

保養相談会では、全国の保養団体が福島に直接来て会場にブースを並べる。その向かいに保護者さんや子どもが座り熱心に相談をしていた。

「ここら辺は生産者も多いし、山の人間だから浜通りに比べてあまりはっきりものは言わねえから。でも計画的避難区域の飯舘村も隣にあるから、お母さんたちは心配してんだ」

地域の汚染を測定しているという中年男性が、会場の隅でそう教えてくれた。

小学校低学年の息子から「何を探しているの？」と聞かれた若いお母さんが、「A君が夏に遊びに……」と言いかけて、「A君が夏に行くところの情報」と言い直した。「お母さんは一緒に行けないの。お友達も一緒に行けないの。向こうで友達をつくるんだよ」と涙声で子どもに言い聞かせていた。

保養相談会は、二〇一一年一〇月、福島市や郡山市、須賀川市の街かどから始まった。始めたのは北海道でいち早く避難者支援を始めた、みかみめぐるさん。そして、交通網がマヒしていた二〇一一年三月一六日から、バスを自腹でチャーターし緊急避難支援をしていた早尾貴紀さん（現・東京経済大学教員）だ。早尾さん自身も被災地の宮城県から避難を経験していた。二人のところには、三月いっぱい昼夜問わず相談の電話が絶えなかった。新学期が始まりいったん落ち着いたが、夏前には夏休みキャンプの相談が殺到した。

事故後にいくつかの支援を立ち上げた早尾さんは、郡山市出身だった。軋轢《あつれき》をさけ自己主張をしない故郷の文化をよく知っていた。毎日、「不安を口に出せない」という切実な声が早尾さんの耳には届いていた。同時に、「福島は人が住むところではない」といった言葉を投げつける県外の人も存在した。早尾さんとみかみさんは口をそろえて、保養相談会を始めた理由をこう語った。

「「直接」の関係で自ら現地の空気を感じ実状を知ること。「対面」の関係で声を聞いてニーズに合った対応をとること。「対等」な関係を築いていくことが重要だと思っていました」

早尾さんはディアスポラの研究者で、一部のNGOがパレスチナの構造的な問題に踏み込まず「かわいそうな人たちのために」と上から支援する姿勢を日ごろから問題視していた。みかみさんはアイヌの人々の先住権回復支援をしており、地道に関係をつくっていくことの大切さを知っていた。

それからは、二人で膝をつきあわせて保護者や子どもの相談に乗る日々だった。それぞれの人に合った支援情報を求めて、全国各地の支援者に問い合わせながら深夜まで探し回ることもあった。一二年二月には福島市で、全国七二団体による大保養相談会を行った。一七年一一月までに三八回の保養相談会を開催してきた。その中で自然につながりができ、その結果、一二年夏には受け入れ支援団体の全国ネットワーク「311受入全国協議会」も立ち上げた。

二〇一七年夏の保養相談会は、前述の伊達市のような切迫した雰囲気ではなかった。除染やセシウム134の半減期で線量が下がったこともあり、ブースで涙ながらに話す保護者はほとんどいない。しかしこの年、いわき会場には一四四組三四四人が来場し、前年の一一九組二九七人から増加した。旅行目的の方も増えたのだろうか。そう思いながら総合案内の際にお話を伺うと、そこには一三年ごろまではなかった新しいニーズが生まれていることが分かった。

事故後に妊娠、出産してから気になりはじめた若いお母さん、いったん避難して住宅支援打ち切りにともない帰還した家族、親戚やクラスメイトが小児甲状腺がんになり、気になりはじめた方、除染作業員で他の人より被ばく量が多いことを気にしていた家族。浜通りの場合は、中通りに比べて原発が近いため「地震のたびに思い出す」という方もいた。

保養相談会では、ニーズの多様性に対応するために、障害を持つお子さん対応、子どもの み参加可能、保護者同伴、アレルギー対応などと分類し、それぞれの色の画用紙をブースに貼っている。「うちは四色そろっている!」と、当事者のニーズや多様性に応えることを誇りにしている団体もある。

日本では、保養参加者と保養団体とのマッチングが公的には行われておらず、このように民間団体同士の連携に頼って行われている。七年経ってなお、新たなニーズが生まれてくる。しかし人的・資金的にも厳しく、学校を経由してのチラシの配布も、福島県全体に対してはできていない。保養相談会自体もボランティアでの運営が限界になり、一七年から年三回を年二回開催に減らし、一八年からはいったん年一回に縮小することになった。

「保養も減っちゃうし、保養相談会も減っちゃうんだ」

そうぽつりと悲しそうに言った、福島の保護者さんたちの表情が忘れられない。

「地に足をつけて、細くても長く続けていくことが大切ですね。息の長い支援を続けていきましょう」

みかみさんは、最後にそう締めくくった。

新しいニーズ――住宅支援打ち切りと帰還

ここで、保養の新しいニーズの一つでもある、帰還者の方のお話を伺っていこう。

宍戸百合子さん（仮名・四〇代）と初めてお会いしたとき、自分の気持ちを正直に論理的に語る強い女性だと感じた。宍戸さんには震災当時、二歳になったばかりの子どもがいた。そしてお腹の中には八ヵ月の赤ちゃんがいる妊婦でもあった。宍戸さんは、事故後に福島市から近県に一時避難をくりかえしながら福島県内で出産した。それから二〇一一年夏に関西方面へ母子避難を行った。そのときの葛藤や困難は言葉では語りつくせないほどであるという。

保養相談会の様子

その後は夫も仕事を辞め、新築したばかりの家を手放して避難に合流した。しかし見知らぬ土地での夫の就職は困難を極め、転職をくりかえすこととなり生活は安定しなかった。宍戸さんも避難生活の疲れから心身ともに限界を超えていった。

二〇一五年、宍戸さんの耳に住宅支援打ち切りニュースが飛び込んでくる。金銭的、精神的にも避難生活を継続することができなくなった。そうして一六年春、宍戸さんは家族で福島市に戻る決断をした。

相談窓口を担当していた者の実感としても、一五年度から「帰還前に保養の情報を知りたい」という相談が増えていった。

宍戸さんは、戻ってからは日々放射能が気になり、それもまた大きなストレスとなっていった。避難することも福島に暮らすことも、宍戸さんにとってはつらく困難なことだった。しかし落ち込んではいられないと、宍戸さんは保養に通いはじめるようになった。

「私の場合は放射能から身を離すことが保養の一番の目的ですが、他にも大切なことがあります。私は福島では外で遊ばせることをまだどうしても躊躇してしまうんです。保養先では思いっきり土や植物に触れ、子どもの本来あるべき姿に戻れます。私も心からリラックスできます。ふだん話せない不安な気持ちを共有し、また福島でがんばろうと思えるんです。保護者も子どもも「受け入れてもらえる場所があるんだ、自分たちの味方がいるんだ、支えてくれる仲間がいるんだ」ということが心の拠り所になっています。避難者いじめも問題になっていますが、全国の保養先でかかわっている方々の優しさに触れ、福島の子どもたちへの温かい思いを知り、その存在を認めてもらえることは、自尊心を高めるためにとても大事で、必要なことなんです」

宍戸さんは、保養があることで、避難先から帰還するときの安心感が増したと語る。

「保養という選択肢があることは、福島の保護者に危険をあおることではないですし、むしろ安心感を増します。私たちが福島に暮らすこと、避難すること、保養に行くこと、どんな選択をしても受け入れられる世の中になってほしいですし、それが差別やいじめがなくなることにつながるのではないでしょうか」

私自身も二〇一一年から一二年にかけて避難者支援にかかわっていたが、ほとんどの避難者の方は生活と関係の立て直しに精いっぱいだった。そのため、保養の探し方や情報、福島県内でできた保護者同士のネットワークの存在を知らないことも少なくない。西日本から福島に帰還したある保護者は、保養キャンプのロゴがついた雑貨を持ち歩くことで、震災後の保養や避難、子育てにおいて事故の問題と向き合っている人をさりげなく探していた。

第二回保養実態調査によれば、保養団体のうち三割近くが一人以上の帰還者の受け入れをしていた。二〇一七年の保養相談会でも、チラシを持った保護者の方が「帰還して孤独の中にじっとしていたんですけど、学校で配布されているチラシをきっかけに、やってきました。こんなに保養があるなんて」と言う場面もあった。

一八年三月に東京地裁は、区域外避難者の「避難の合理性」を認め、国と東電に賠償を命じている。避難した苦しみ、そして帰還して再び追いつめられるつらさを、保養という選択肢が少しずつ緩和していく。

ミスマッチとニーズへの対応の限界

ここまで、保養実態調査を中心に保養の課題を、保養相談会を中心にマッチングにおける民間の努力を紹介してきた。しかしどうしてもミスマッチは起きてしまう。ミスマッチに関する二つのケースを紹介しよう。

ある西日本の保養団体は、「保養のニーズがあるらしい」と知って、保養の活動を始めることにした。夏休みが一番参加しやすいと聞いて日程を設定したが、広報の段階になってネットで募集しても応募がこなかった。なぜだろうか。その団体は受け入れ側の夏休みに合わせて、八月末にキャンプ日程を設定していた。しかし福島県内の学校の夏休みは毎年八月二四日ごろまでであった。結局参加者は集まらず中止になった。こういったケースはしばしばある。日程だけではなく、ニーズのある対象年齢、募集の仕方、交通の問題など、配慮すべきことは多岐にわたる。保養を新しく始める団体は、すでに保養を行っている団体等にそうした情報を事前確認するほうがよいだろう。

二つ目は、保養開催グループが、帰還区域の自治体を通して保養の広報をしたケースだ。より困っている子どもに支援をしたいというのは大切な思いだ。しかし当時、避難指示が解除された区域にはほとんど子どもが戻っていなかった。子どもが集まらず中止になったことを地方紙が取り上げ、「保養はニーズがない」と誤解を生んだ。これを受け、福島県内の支援団体からは、「事前に福島県内の複雑な状況を把握してほしい」という保養支援団体への意見も出た。

支援者と同じように、保養参加者も保養に応募するときは緊張するという。選考方法が先着順である場合、保養情報に詳しくない保護者は参加が難しいという問題がある。抽選の場合は落ちることを不安に思い複数同時に応募し、当選してもキャンセルする保護者がでてきてしまう。キャンセルが増えると、保養主催者による再募集が間に合わないケースも多く、枠があるのに保養希望者が保養に行けないということも起きる。また、毎回別の団体の保養を転々とすることで疲れ切ってしまう子どもたちもいる。それを防ぐために、枠の半分はリピーターを受け入れる方針の団体もある。保養実態調査によれば、生協などの公共性の高い団体は、初めて保養に参加する子どもを優先する傾向があり、全体としてはある程度バランスがとれている。ここに書いたマッチングの問題点はすべて、参加者や保養支援者に非があるのではなく、保養の構造的な問題である。

長年ベラルーシへの保養支援を行い、現在は日本で保養支援をしている向井雪子さん（NPO法人「沖縄・球美の里」理事長）に、「ベラルーシではマッチングの問題をどうしているのでしょうか」と尋ねたことがある。

「ベラルーシでは、ほとんどを国費で保養をやっていて医師や教師もそこで雇われているから、受け入れ側が疲弊するということはないですね。国側がどの子がどの保養施設に行くかを決めますから、支援者や親が右往左往することもないんですよ」と返ってきた。保養の開催から、調査やマッチングまでを、ほとんどの団体でボランティアが行ってきた日本の現状について、改めて考えさせられる言葉だった。

第5章 制度、そして権利

ここまで、当事者の葛藤、保養の受け入れ側の実態、調査やマッチングを通して分かる保養の課題を描いてきた。それらは、原発事故が起きなければすべて必要のない葛藤や苦労だった。しかし事故後、地域間、世代間等の「不平等」が確かに発生し、それをどうにか補おうと市民が動いてきたことが見えてきただろうか。

この章ではまず、不平等が引き起こした問題をどのように是正していくべきか、インタビューに沿って考えていく。次に、なぜ現時点で保養を十分に制度化できていないのかを考察する。そして、支援を仕組み化する民間の試みがどのように行われてきたかを見ていく。最後に、保養の制度化のための社会的合意について考える。

不平等の是正

慈善と権利

長谷川愛さん（仮名）は、初めてお会いしたとき疲れ切った顔をしていた。しかし私に気を遣うようにときおりニコッと笑いながら、娘さんの外遊びを制限せざるを得ない状況を語ってくれた。

「事故後、市は幼稚園の園庭を除染してくれました。それでもやはり、すでに免疫力の下がった娘のことを思うと、追加被ばくや内部被ばくは受け入れたくありませんでした」

当時四歳だった下の娘は二〇一三年に白血病を発症した。長谷川さんは、小さな体で懸命に闘う娘がかわいそうで仕方なかった。一年におよぶ入院生活につき添うため、長谷川さんも仕事を辞めるしかなかった。医療費はかからなかったが、自営業をしていた夫は「子どもが病気だと仕事ができないんじゃないか」と思われ注文が減ってしまい、経済的にも厳しくなった。約一年の入院生活を経て寛解しても、免疫力が下がらないよう医師の指示で生活の制限があった。

それから長谷川さんは、五万ベクレル／㎡以上ある居住地の土壌汚染が気になりはじめた。下の娘が外に出たがらないように、上の兄の外遊びも一部制限するしかなかった。長谷川さんが「保養」という言葉を聞いたのはそのころだった。しかし当時、集団で行動する保養プログラムに参加することは、免疫力の下がった娘には難しかった。私が運営にかかわっている団体に相談がきて、まずは私がお話を聞きに伺うことになったのだ。

「汚染のない地域に住んでいれば、こんなに悩む必要がなかったんですよね」

長谷川さんがぽつりとこぼした言葉が今も耳に残っている。

はじめに断っておくが、長谷川さんの経験を「被ばくによって病気の子どもが出た」といった喧伝に使わないでほしい。そうではなく、まずはそもそもリスクがある人にとって原発事故はどのような経験だったのか、どのように苦悩を与えられたのかを知ってほしい。これに加えて、同じ国であっても汚染地と非汚染地で不平等が生じたこと、同じ地域であっても被ばく量の不平等が生じたこと、個人によっても免疫力の強弱があることを、ここでは改めて考えていく。

たしかに「ゼロリスク幻想」にとらわれてはいけない。しかし国策で進めてきた原発による事故のリスクが、不平等や害を発生させたとき、どういう補償がなされるべきかという視点が私たちには必要なのではないだろうか。「政治」の領域は、これらの不平等を是正しなければならないのではないだろうか。

しかし長谷川さんは、原発事故が起きて何一つ補償を受けることはできなかった。一般的な子どもより「免疫力の低下」を配慮すべき状況に置かれても、それは変わらなかった。そしてネットで偶然見つけたボランティアネットワークを頼ることにした。相談を受けながら、私は「このケースの保養は本来、権利として保障されるべきではないか」と思った。しかし制度はない。民間の「善意」に頼るしかない状況に違和感を持った。

これまで見てきたように、保養支援者の多くは、原発事故を起こした社会の一員としての「責任」を感じながら活動している。だからこそ年間を通して寄付集めに明け暮れ、保養の受け入れを行っているのである。しかし、ベラルーシやウクライナでの「権利」としての保養とは違い、日本では形式としては「慈善」として保養を行わざるを得なかった。

しかし本来、保養は「かわいそうな人」「運のない人」に対する慈善としてではなく、第3章で西﨑伸子さんが提言していたように「当たり前に受容できるはずの権利」を回復する試みであるべきだと私は考える。

慈善の問題点は、しばしば被支援者に「支援に依存している」という負い目を生じさせ、対等な市民の間に上下関係をつくってしまうことだ。もちろんほとんどの保養支援団体は、対等な関係の構築に努力してきた。しかしそれでもときおり、保護者の方々が保養「支援」を受けることに戸惑いを持ちはじめるケースがある。それはおそらく市民の間に発生してしまった優劣の関係を敏感に感じ取るからだろう。

私は今まで何度も福島やその周辺の方々から、「ありがとうございます」と言っていただいた。そのたびに「これは本来、権利であって、頭を下げながら行くものではないんですよ」と返すようにしてきた。しかし一方で、保養を主催する支援者の大きな負担を考えたとき、行政サービスのように「当然の権利」としての利用をしてくださいとは言いにくい。

冒頭の長谷川さんは事故によって「安心して子どもを育てる権利」を大きく阻害された。しかし公的制度はこの状況に対応してくれなかった。彼女は疲れ切っていた。

選択できる状態をつくり出す

では、私たちはこの不平等をどのように是正できるだろうか。

政治学者の齋藤純一氏は『不平等を考える――政治理論入門』の中で、自由民主主義社会のあるべき姿を考察している。氏によれば、「平等」というのはあらゆる点で人間が「同じ」になることではなく、市民の間に「対等な力関係」が成立することである。そして、公的制度がどのようにこの対等な関係性を保障するかが、政治的に重要であるとしている。

ここから同書は「自立（independence）」と「自律（autonomy）」を区別する。「自立」とは「他者に依存せずに生きる」ことを指すが、それは社会に生きている以上は不可能である。それに対して「自律」は「特定の他者の意思に依存せず生きる」ことを意味する。人間が相互依存的な生き物である以上、他者に依存する部分があってもよいのである。重要なのは「自分のことを自分で決められること」である。ここから、個人が自ら選択し、それを「自分の選択」として受け入れられる（責任を引き受けられる）状況をつくり出すための条件を整備するために、公的制度が必要であるとされる。

それでは、長谷川さんは事故の追加被ばくを受けることを「選択」したのだろうか。そしてそれは彼女の「責任」であると言えるだろうか。

「ホブソンの選択（Hobson's choice）」という言葉がある。それは「選択肢」があるように見せかけて本当は「選択肢」がなく、実質的には選択できない状況を指す言葉である。たとえば、右手に「事故由来の追加被ばくを我慢する」、左手に「多くの犠牲を払って避難する」という選択肢を出されるような状況である。それは、事故の汚染がなかった地域では迫られない「選択」だった。七年の間、保養支援は、「損なわれた権利」を補完するものとして三つ目の手を差し出してきたが、長谷川さんは勇気を出してその手を握ってくれた。

そこでリフレッシュサポートでは、保養の権利は本来、長谷川さんとお子さん自身が持つものであるという考えのもと、病気を持つ子ども向けに「保養パス」を発行し、保養に行く際の交通費助成を行った。連携している保養滞在施設をピックアップして、その中から長谷川さんに選んでいただいた。そうして、長谷川さんは東海地方の自然豊かな地域に数週間家族で保養することになった。

あるとき、郡山市に住む保護者さんが以下のように語ってくれたことがある。

「事故のあと、国も東電も自治体も誰も、私がどうしたいかを聞きに来てくれなかった。私はここに住むのを「決断・選択」したわけじゃない。でももう気にしないと決めた」

汚染があった地域に住みつづけた多くの人は、追加被ばくを受け入れてそこで生活することを「選択」したわけではない。なぜなら「追加被ばくを受け入れず元通りの生活をする」という選択肢が示されなかったからである。

では、私たちは、保養を一つの権利として考えることはできないだろうか。保養をする権利と言うと、「旅行になら今のままの状況でも行けるだろう」といった反論が出てくる。しかし現にある不平等が正され、当事者が実際に選択可能な状況が生まれなければ、それは「選択肢がある」とは言えないのである。

また、現在改めて考えなければならないのは、「自己責任」の問題である。選択できる状況になかったにもかかわらず、追加被ばくの問題は、年を追うごとに「あなたがそれを選んだ」といったふうに自己責任にされつつある。

なぜ「保養」は十分に制度化できていないのか

「保養には、国から何億円もお金がおりてるよ」

そう教えてもらったのは二〇一六年のことだった。私は当時、保養団体や保養参加者が疲弊しつつある状況を知っていたので、おそらく相手の勘違いだと思っていた。しかし、それが復興庁から文科省に予算を移し替えて、福島県を通して実施する「ふくしまっ子自然体験・交流活動支援事業」のことだと聞いて驚いた。なぜなら保養支援者が国や福島県に補助申請などのためにお話に伺うたび、「この事業は「自然体験活動」向けであって、「保養」向けではない」という説明を受けていたからだ。

この謎を解くために、ここからは保養をめぐる事故後の政治的、法的な動きを見ていこう。

子ども・被災者支援法

二〇一二年六月、正式名称「東京電力原子力事故により被災した子どもをはじめとする住民等の生活を守り支えるための被災者の生活支援等に関する施策の推進に関する法律」、いわゆる「子ども・被災者支援法」が、衆議院本会議において与野党全会一致で可決、成立した。[37]

この法律は、「被ばくを避ける権利」とそれぞれの選択の尊重、「予防原則」を踏まえた支援策を行うという理念に基づく。同法では、「被災者生活支援等施策は、被災者一人一人が

第八条第一項の支援対象地域における居住、他の地域への移動及び移動前の地域への帰還についての選択を自らの意思によって行うことができるよう、被災者がそのいずれを選択した場合であっても適切に支援するものでなければならない。（第二条二項）」と定められている。

では、同法と関連して、「保養」をめぐる動きを確認してみよう。「国会会議録検索システム」にて、二〇一一年三月一一から二〇一八年三月一〇日までの期間で「保養」という単語を検索すると、該当するのは一〇一件。一つずつ見ていくと、チェルノブイリ事故後の保養を手本とした「保養」の言及は、一七回行われていた。

はじめは支援法成立三ヵ月前の二〇一二年三月二一日、「いわゆる子供たちの低線量被曝を軽減するため、定期的な保養体制、移動教室など」[38]に関する質問に対して、平野博文文部科学大臣（当時）は、文科省が二〇一一年夏に行った「リフレッシュ・キャンプ」事業を一つの施策として挙げている。支援法成立後の二〇一二年八月二七日および同年一一月二日、「保養」を含む質問に対して、羽田雄一郎国土交通大臣（当時）、野田佳彦内閣総理大臣（当時）それぞれから、移動教室[39]を含む前向きな回答が行われている。

私は、二〇一二年一二月に起きた民主党から自民党への政権交代の際に、潮目が変わったのだと思っていたが、実はそうではない。自民党政権下の二〇一三年五月一〇日、チェルノブイリの「保養」に詳しく言及した質問に対して、根本匠復興大臣（当時）は「福島県の子供たちの体のリフレッシュ、身体のリフレッシュ、この取組、政府全体で進めておりまして、先生がおっしゃられたようなリフレッシュ・キャンプ、これもやっておりますし、それから、県に設けた基金を活用して、ふくしまっ子体験活動応援事業、今先生のおっしゃられたような趣旨の取組は今政府としてもやっておりますので、この取組をしっかりやっていきたいと思います」と回答している。また、坂本哲志総務・内閣府副大臣（当時）も「指摘にありました子供の保養のための受入れ経費について、受入れ団体に特別交付税の措置をしたところもございます。北海道、それから長野県の東御市などは、福島から子供さんたちが来て、特交で措置をしております」と答弁を行っている。つまり図3（一一六－一一七頁）の①にあたる期間は、「保養」の施策について、検討、言及されつづけていたのである。

その後二〇一三年三月、復興庁が「原子力災害による被災者支援施策パッケージ」を発表し、同年一〇月一一日、「基本方針」が閣議決定された。ときを同じくして、二〇一三年九月には、「復興五輪」として招致された東京オリンピック・パラリンピックの開催が決定。そして二〇一四年度以降は保養に対する質問に対して、政府は「保養」という言葉を使わなくなり、すでに行っている施策として「ふくしまっ子自然体験・交流活動支援事業」を挙げるようになる。

ふくしまっ子自然体験・交流活動支援事業

二〇一五年二月九日、「子供たちの心身の回復を目的とする活動への支援強化拡大と保養制度の実現のために、立法措置を含む必要な措置」を講ずるべきではないかという質問に対し、当時の久保公人文部科学省スポーツ・青少年局長は、「文部科学省では、子ども・被災者支援法第八条の規定に基づきまして、平成二六年度［二〇一四年度］から福島県の子供を対象に、自然体験活動あるいは県外の子供たちとの交流活動を支援する事業として、福島県の子供たちを対象とする自然体験・交流活動支援事業を実施してきております。平成二七年度［二〇一五年度］予算では、この事業は、新たに創設されました被災者の健康・生活支援に関する基幹的事業を一括した復興庁の被災者健康・生活支援総合交付金の取組の一つとされているところでございます[40]」と回答している。

では、ここに挙げられた子ども・被災者支援法の第八条を読んでみよう。

第八条　国は、**支援対象地域**（その地域における放射線量が政府による避難に係る指示が行われるべき基準を下回っているが一定の基準以上である地域をいう。以下同じ。）で生活する被災**者を支援するため**、医療の確保に関する施策、子どもの就学等の援助に関する施策、家庭、学校等における食の安全及び安心の確保に関する施策、**放射線量の低減及び生活上の負担の軽減のための地域における取組の支援に関する施策、自然体験活動等を通じた心身の健康の保持に関する施策**、家族と離れて暮らすこととなった子どもに対する支援に関する施策その他の必要な施策を講ずるものとする。

2　前項に規定する子どもの就学等の援助に関する施策には、学校における学習を中断した子どもに対する補習の実施及び**学校における屋外での運動が困難となった子どもに対する屋外での運動の機会の提供が含まれる**ものとする。（強調は引用者）

では、この八条に基づく「ふくしまっ子自然体験・交流活動支援事業[41]」についで見ていこ

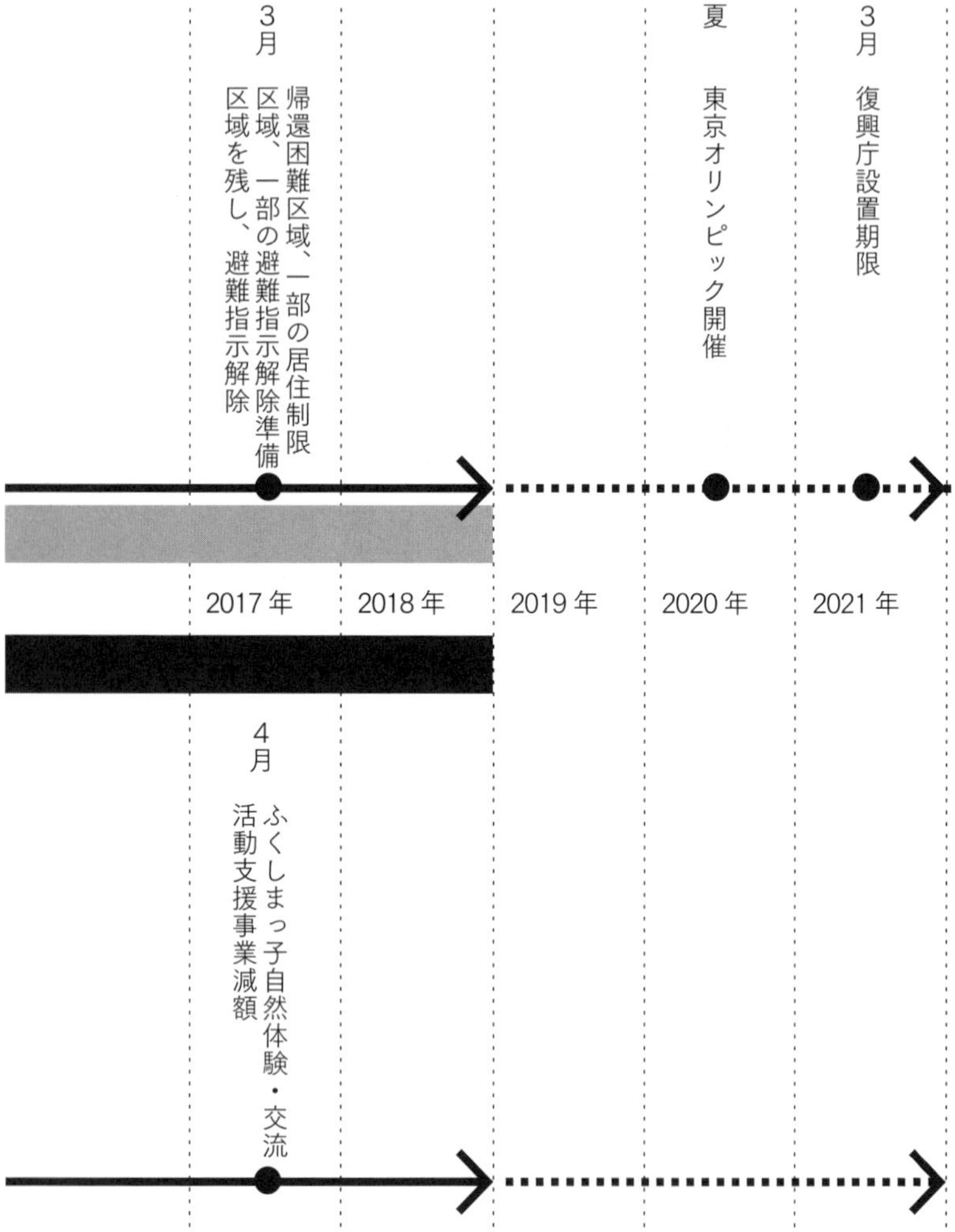
3月
帰還困難区域、一部の居住制限区域、一部の避難指示解除準備区域を残し、避難指示解除
夏
東京オリンピック開催
3月
復興庁設置期限
2017年
2018年
2019年
2020年
2021年
4月
ふくしまっ子自然体験・交流活動支援事業減額

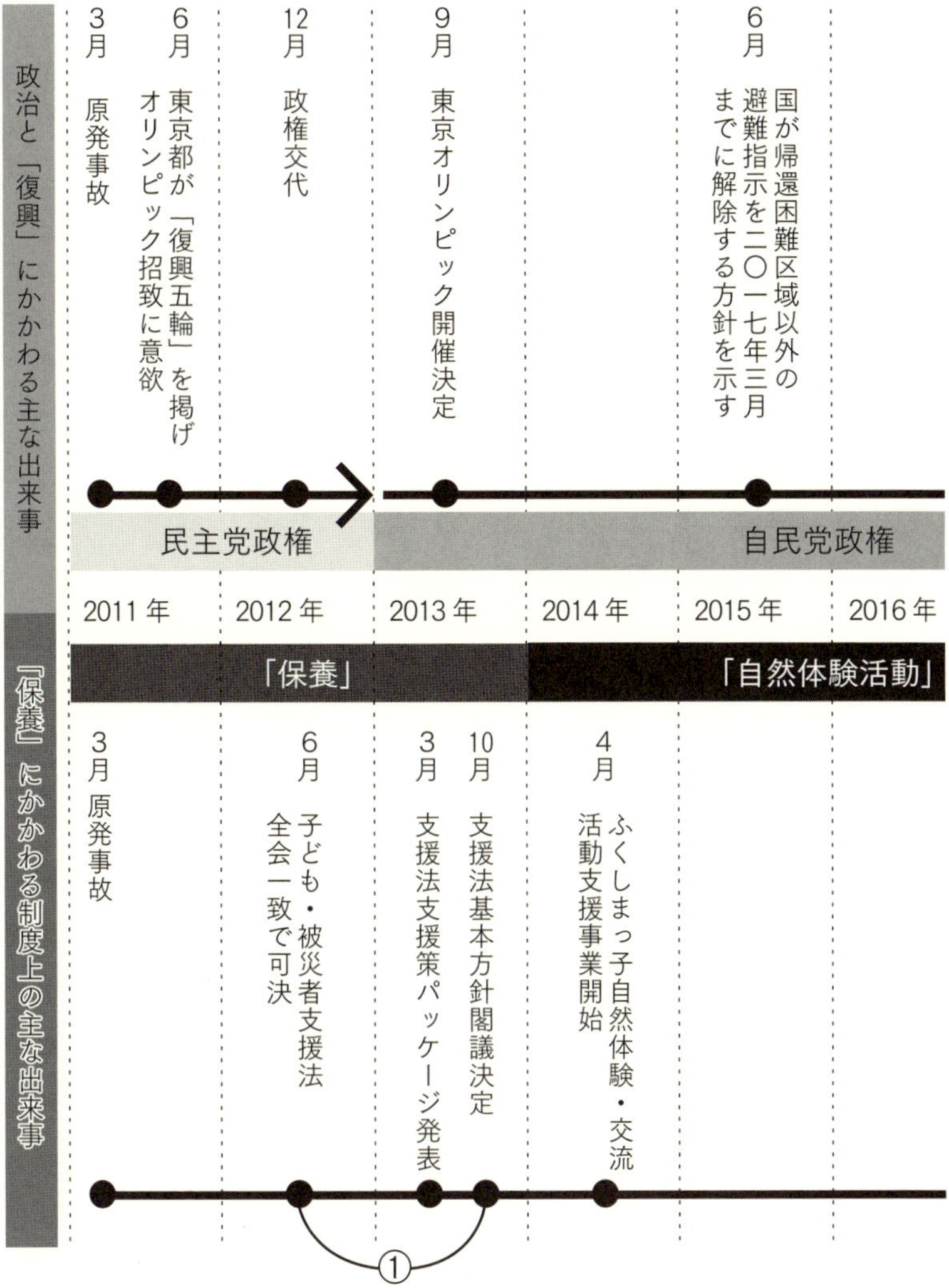

図3　原発事故後の政治と「復興」「保養」年表

う。二〇一四年度の同事業開始時には、福島県から県外の保養支援団体に対しても案内があり、複数の団体が説明会に参加した。一七年度現在、この事業は①小・中学校自然体験・交流活動等支援事業、②幼稚園・保育所自然体験活動等支援事業、③社会教育団体自然体験活動支援事業、④ふくしまっ子体験活動応援補助事業の四つからなる。初年度（一四年度）の報告によれば、①小中学校の自然体験活動・交流活動支援事業の申請件数は約五二〇件であった。そのうち県外での活動は六件。②幼稚園・保育所の自然体験活動等支援事業の申請件数は約四六〇件、三割以上が県外で実施された。[42]

四事業とも二〇一六年度までは、宿泊費の上限は一人当たり一泊五〇〇〇円であり、活動費・交通費は、活動日数に一人当たり二〇〇〇円を乗じた額が上限とされていた。しかし一七年度からは活動費・交通費が減額され、一回の事業について一人当たり二〇〇〇円を上限とするように変更された。[43]

いわゆる「保養団体」とかかわりがある③社会教育団体枠について、申請資格を有するのは福島県「内」の教育関係団体に限られる。また、六泊七日以上、毎日の自然体験活動が要件となっている。二〇一六年度、福島県外に出る教育関係団体枠への助成は、実施一〇一八件（小中学校五二八件、幼稚園・保育所四九〇件）中、六件（〇・五九％）であった。第二回保養実態調査によれば、同事業を活用できない理由には、六泊という長期に受け入れることの難しさとともに、引率する当事者団体側の負担も挙げられていた。[44]

②の幼稚園・保育所の枠では、この制度が有効に活用されたとみられる。『東日本大震災・放射能災害下の保育――福島の現実から保育の原点を考える』（関口はつ江編著）では、二〇

一五年二〜三月に福島県内の幼稚園、保育所、認定こども園の計六五二園に対して行ったアンケート結果が報告されている。保育活動に関する支援のうち最も多くの活用が挙げられたのが、「ふくしまっ子自然体験・交流活動支援事業（幼稚園・保育園所自然体験活動等支援事業）」とユニセフによる「外遊びプロジェクト」であった。そのほか民間団体の招待活動も挙げられていた。そして「とくに有難かった支援」として、二〇一一年三月および一一年度の上位には、「水」や「マスク」が挙げられている。一一年度以降に圧倒的に多くの園が挙げているのは、放射線量が高く外遊び制限がある中で、線量の低い地域に行くための前述事業による「バス代の補助」であった。

このように、チェルノブイリの被ばく低減を目的とした「保養」に言及されながらつくられた子ども・被災者支援法の施策は、二〇一四年度から「自然体験活動」事業として制度上は集約されていった。「事故による汚染を避けるために」、自然体験活動が減少したことはこれまで見てきた通りであるため、この取り組み自体は重要なものである。また、福島県内にも相対的に汚染が低い地域はあるため、必ずしも「県外」にこだわる必要はないと思われる。しかしただ一点注意が必要なのは、同事業内容の規定が「①自然体験活動とは、子どもが自然と直接ふれ合う活動をいう。②交流活動とは、他地域の幼児、児童生徒、その他、他地域の人々との直接的なやりとりをする活動をいう」というものであり、汚染に言及がないことである。チェルノブイリの「保養」も想定されながらつくられた法律を根拠とする同事業が、居住地より相対的に汚染が高い地域で「自然体験」を行うことになっては意味がない。それでは、むしろ同法の理念「被ばくを避ける権利」「予防的措置」とは、逆になってしまう。

国への要望

ここまで、ベラルーシやウクライナを手本とした「保養」が、日本では十分に制度化できていないことを見てきた。しかし、「保養」のニーズは続いており、さらに帰還者、事故後に子どもを産んだ方、事故当時にトラウマ的な経験をした方、子どものクラスメイトや親戚に甲状腺がん手術をした子どもが出たことが気になりはじめた方など、新しいニーズが出てきている。事故から五年を過ぎたあたりから、「善意」に頼るのではなく保養を「権利」にしていきたいという当事者たちの声が高まりつつあった。

二〇一七年六月下旬、参議院議員会館で当事者団体、保養支援団体合計一〇八団体による「保養の公的支援を求める要望」の提出と記者会見（筆者も参加）が行われた。復興庁、文部科学省、環境省に対して経験や思いを伝えたのは、保養に参加する「普通の」お母さんたちだった。保養支援者とお母さんたちが事前に十分話し合って、どういうことを伝えたいか、どういうことを求めたいかをまとめた。六年間以上、ボランティアを中心に続いてきた保養。支援者たちも、「自分たちにお金をください」ということではなく、保養の実態と終わらないニーズ、そして保養を当事者の権利としてほしいことを国に伝えた。その核となる要望は次の二点である。

・子ども・被災者支援法に基づき、「保養」を国の制度に位置づけてください。

・当面の間、全国で多くの民間団体が実施している保養プログラムに公的支援をお願いします。

各省庁の担当者の回答は、「保養の現場の声を聞く機会が今までなかったのでよかった。今後福島県と相談していきたい」というものだった。その言葉に従い、翌日には福島県の各課に要望書を提出した。保養の実態を丁寧に説明した際、福島県の職員の方々は熱心に話を聞いてくださった。しかし「保養を扱う部署がない」というご回答をいただき、改めてこの問題の難しさを感じた。

国への要望書提出

被ばくを避ける権利と保養

現状、「保養」に類する制度は、追加被ばくの回避が明文化されていない「自然体験活動」のみとなっている。その曖昧さが、「保養に行くことを周囲に言えない」といった状況ともつながっているのかもしれない。ここで、改めて子ども・被災者支援法が定めた「被ばくを避ける権利」に立ち返ってみよう。福島の子どもたちを守る法律家ネットワーク（ＳＡＦＬＡＮ）の共同代表である、福田健治弁護士にお話を伺った。

「被ばくの影響が確率的なものである以上、回避行動を取るかどうかは人それぞれです。私は事故直後から相談を受けてきましたが、人それぞれ避難や保養の理由や背景が異なります。二〇一一年当時、私たちは市民の間で共通の言葉を持つ必要があると考えていました。それは「それぞれの選択と自己決定を尊重する」ということでした。私たちは、居住を継続しながら被ばくを避ける権利、被ばくを避けるために避難する権利を新たに確立させようと、子ども・被災者支援法の成立を求めていました。同法が成立して、「法律で自分の選択を肯定されただけでも精神的に楽になった」という被災者の方々も多かったようです。法律にもさまざまな種類があります。たとえば生活保護の法律などは明確に「誰」が「どのように」支援されるべきか法律で規定していますが、子ども・被災者支援法は国が行政裁量によって具体化していく理念法です。よって当事者の意見を施策に反映することが重要であり、その旨法律にも明記されていますが、一三年の基本方針はパブリックコメントの募集などが十分ではなく、骨抜きに近いものでした」

福田弁護士は七年経った現在の状況も踏まえ、保養について次のようにアドバイスをくださった。

「現在、保養の権利が十分に確立したと言えない状況は残念です。そもそも「保養に行きたい」と言えない状況で、隠れて保養に参加せざるを得ない状況は、支援法が目指した「被ばくを避ける権利」が十分に確立されていないことも関係あるかもしれません。しかし、憲法十三条には、「すべて国民は、個人として尊重される。生命、自由及び幸福追求に対する国民の権利については、公共の福祉に反しない限り、立法その他の国政の上で、最大の尊重を必要とする」という個人の尊重について明記されています。ベラルーシやウクライナで自然なことである「保養に行く」という行為が、公共の福祉に反しているとは言えないでしょう。私自身も二児の父親ですが、保護者の方々は自らの権利を知り、もっと自信を持ってほしいです」

被ばくを避けることや保養に行くことは、法律でも保障されており、けして批判をされるような行為ではないのである。

民間の取り組み

支援の仕組み化——点の動きを線にする

ここまで、保養にまつわる公的な取り組みについて見てきた。しかし、公的支援は十分ではなかった。そのため、全国各地にある保養支援団体は、公的支援に期待をするのではなく、保養団体同士で地域ネットワークをつくり、研修や交流会を重ね、支援を仕組み化してきた。ここでは、「点」と「線」をキーワードに、ガイドライン、基金、地域ネットワークの試みを見ていこう。

保養を行ううえでのガイドライン『ほようのみちしるべ』は、国際ＮＧＯ「セーブ・ザ・チルドレン・ジャパン」の助成により、３１１受入全国協議会が作成し、二〇一四年に公開された。ガイドライン作成にかかわった保養支援者、岡田仁さんにお話を伺った。

「二〇一一年以降、全国各地でさみだれ式に保養の取り組みが始まり、点でしかなかった動きは線としてつながって全国のネットワークになっていきました。事故から数年が経ち、保養に参加する子どもたちやその保護者にとって、リフレッシュ効果が高く安全なプログラムづくりが求められていました。同時に、新たに取り組もうとしている団体にとって指針となるような手引きをつくろうと、各地の保養支援者の驚異的な努力で、『ほようのみちしるべ』をまとめることができました」

『ほようのみちしるべ』は、これまで七〇〇〇冊以上が配布された。プログラムの組み立て方、実施体制、子どもの健康と人権を守るために必要なこと、安全・危機管理対策、子どもの自主性の育て方、運営上の工夫、連携の促進などについてまとめられている。これはそれぞれの団体が「点」として持っていた経験を、「線」にして共有していく試みだったといえる。

他方で、経済的・法的な側面を仕組み化するために重要な役割を果たしてきたのは、中間支援団体「一般社団法人子ども被災者支援基金」である。同団体は、保養の質の向上を目的として二〇一五年に立ち上げられた（二〇一六年法人化）。ご自身も保養を主催してきた、鈴木理恵代表理事にお話を聞いた。

「私どもの団体で進めているのは、保養の多様性、安全性、継続性、信頼性、快適性、遵法性を実現することです。そのために保養団体への助成事業と研修事業を行っています。子ども・被災者支援法が目指した「住む人も、避難する人も、帰還する人もさまざまな支援を選べる」という理念を達成していきたいという思いから、団体名に冠しました」

支援基金の安全管理研修と法律遵守のための研修は、保養団体の間でも信頼が厚い。鈴木さんは、コンサルタントとして全国を駆け回って働く忙しい方だ。ぱりっとした見た目と、

保養の現場で熱心にボランティアする姿とは距離があるように感じる。なぜ保養活動を始めたのかと伺うと、

「一番根本にあるのは9・11で被害に遭った経験ですね」と意外な返事が戻ってきた。9・11とは、二〇〇一年九月一一日、アメリカ合衆国のワールドトレードセンターに二機の航空機が衝突した同時多発テロだ。そのとき大学生であった鈴木さんは、まさにそのセンターにいた。

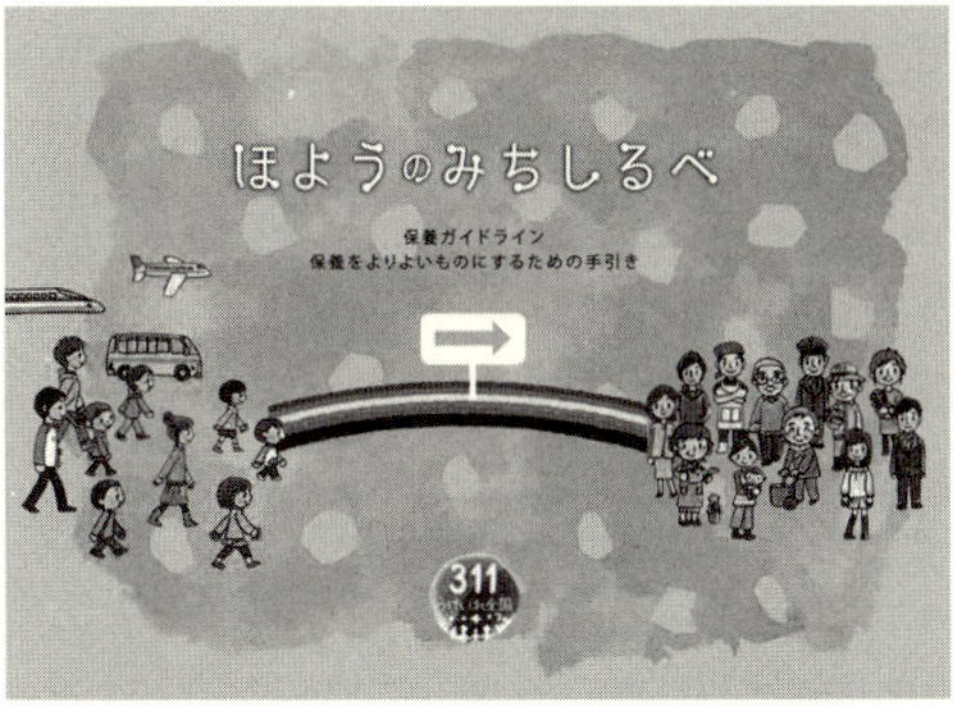

保養ガイドライン『ほようのみちしるべ』
（http://www.311ukeire.net/img/guideline/michi20141130.pdf から無料ダウンロードできる）

「ただそこにいただけなのに、大きな出来事によって普通の生活を侵害される。私もそういう経験をしました。ですから、原発事故で被災した子どもたちに共感しましたし、保養に参加する子どもたちも共感を持って、私にいろいろな相談をしてくれます」

支援基金が重視しているのは、保養を社会的に意義があるものにしていくこと、「思い」だけでは補えない経済的な部分をきちんと仕組み化していくことである。

「現在とくに力を入れているのは、障害を持つ子どもなどの要配慮者を保養に受け入れていくことと、帰還した保護者のニーズにどのように対応し

ていくかの二点です。保養は、長い将来を見すえて取り組んでいくべき社会的課題です」「点」として動いているそれぞれの団体をオーガナイズし「線」にして、いかに社会に対して説得力のある「保養のあり方」を描けるか。子ども被災者支援基金は、確かな思いと、それを補う現実感覚に則って仕組みをつくっていく。

直接顔が見える関係に基づく、支援団体同士の地域連携も進んでいる。二〇一七年度、私がかかわりのある範囲だけでも、関西、首都圏、石川（311こども石川ねっと主催）、山梨、福島県内で保養支援者の交流会が行われた。二本松市で行われた際には保養に参加する保護者も交え、より良い「保養」の実施のための意見交換会が行われた。支援者交流会では、主にそれぞれの活動の報告と課題の共有が行われる。私自身が参加した印象として、地域によっても保養の特徴が異なる。

たとえば日数に関しては、福島に比較的近い首都圏では、全体として二泊、三泊の保養が多い。それらは遠くまで行けない方のニーズに対応している。一方で、北海道や関西以西では三泊以上のプログラムがほとんどだ。移動に半日使うため、保養先でゆっくり過ごしてもらうためである。また関西では、阪神・淡路大震災からのボランティアのつながりが強く残っている。これに対して関東では、事故による汚染の影響があったため、子育て世代のボランティア資源が自分の地域の子どもを守る活動に向かった。そのため保養支援者の中心年齢層が六〇代から七〇代と他の地域と比べて高い。最近では、運営の中心となる人々の世代交代問題が起きている。どの地域の保養交流会でも共通して語られたのは、「子どもたち、保護者さんへの熱い思い、現地のニーズ」と「資金難、人材不足の厳しい現状」であった。

保養が盛んな地域を訪ねて、そこでなぜ保養が盛んなのか尋ねると、「人の移動」に関する意外な歴史背景が明らかになることがある。石川県のある支援者さんはこう語った。

「北陸と福島は、北陸から相馬中村藩に人々が移住したという歴史的縁《えん》があります」

一七八二年から発生した天明の大飢饉で、東北は人口減に苦しんだ。「間引き」の習慣がなく人口の多い北陸から、多くの浄土真宗信徒が浜通りの相馬中村藩に移動した[45]。当時は百姓の移動が禁止されていたが、危険を冒しながらも三〇年ほどかけて移民が行われたという。

北海道の保養団体が語ったのは、会津から北海道への入植の縁である。一八六九年、明治新政府は「蝦夷地《えぞ》」の警護と開拓を行うために「開拓使」を設置し、「北海道」へと改称した。戊辰戦争に敗北した旧会津藩士の一部が、新政府の命により北海道の小樽、余市周辺の開拓に当たらされた。

二〇一八年三月に訪問した長野県では、戦前から戦中にかけて国策[46]として行われた「満蒙開拓団」のお話が出てきた。長野県では、日本で最も多い三万七八五九人[47]が「満州国」へ送り込まれたという。二〇一三年には長野県下伊那郡阿智村で「満蒙開拓平和記念館」が開館している。国の方針に従い、青年たちを積極的に勧誘し義勇軍として入植させたのは、行政や教師だった。満州に渡った人々の多くが、敗戦後の引き揚げ時に苦しみを味わい[48]、集団自決などの悲劇も起きた。また、家も農地も処分して満州に渡った開拓団員は帰るところがなく、長野から別の土地へ再入植、福島（葛尾村や西郷村等）に定着した人々もいた。長野県内で保養を主催し公務員でもある楠田みらいさん（仮名）は、自治体の長からこう言われたことがあったという。

「満蒙開拓に住民や若者を送り出したのは、役場の職員だった。その結果大きな悲劇も生んだ。自分たちがそういう役割をしてしまうこともあるのだと理解するために、歴史はきちんと学んでください」

楠田さんが保養支援を続けるのも、そういった「国策で進められたことにより権利を侵害された人々とどう向き合うか」という問題意識の延長線上にある。

他にも、保養の当日ボランティアは、福島県出身の方やルーツが福島という方が少なくない。3・11のとき「そこ」にいなかったことへの罪悪感について、彼らが語るのを何度も聞いたことがある。人は「点」として現在そこに存在するが、移動した跡は「線」として残る。いま目の前にある「点」として存在する問題のみに注視するのではなく、歴史的「線」の問題として考えていくことも重要なのかもしれない。

保養支援は、経験、経済、法律、歴史、地域の「点」を結びながら、「線」となり、少しずつ仕組み化されつつある。

支援者の実像

公的支援を望むことが難しいのであれば、もう少し保養支援者ががんばればよいのではないか。ここまでの記述でそう思った方もいるかもしれない。そこで、ここでは支援者の実像について見ていく。

神奈川県川崎市で保養キャンプを運営する小川杏子さん（二〇代）は、二〇一一年の大学生時代からボランティアを続けてきた。保養支援のために、夏に長期休める仕事に就いた。小川さんが運営に参加する「「福島の子どもたちとともに」川崎市民の会」では、春と夏に保養を行い、これまで二一回、五〇〇人以上の子どもたちを受け入れてきた。川崎市には、公害によるぜんそくに苦しんだ歴史がある。一九七一年から七八年ごろにかけて、南部工場地帯の五年生と六年生が、学校ぐるみで空気が良い場所に行く「グリーンスクール」(二～三泊)も行われていた。そうした下地もあり、地域も受け入れに対する理解があると考えられる。

小川さんが熱心に保養支援を続ける理由を伺った。

「初めてボランティアとして参加した夏、子どもたちがマスクをつけて長袖で、外に出ることを気にしていたのです。でも保養先で、外遊びに夢中になり元気になっていったのを覚えています。そのとき、事故に関する子どもの愚痴を聞いたりもしました。最終日に見送るとき、複雑な気持ちになって、状況を変えられないことが悔しかったです。私自身も茨城の出身で、祖母の家は東海村から近い市町村でした。一九九九年に東海村ＪＣＯ臨界事故が起きたときは小学校五年生だったのですが、「外で遊ぶな」と言われたのを覚えています。保養で福島の子と出会ったとき、自分がＪＣＯ事故のとき子どもながらに不安に感じた気持ちを思い出しました。それもあって、子どもたちにぐっと共感したんだと思います」

小川さんは現在では世話人の一人となり運営の中核を担っている。一七年夏からは、中高生が参加できる保養が少ないという声に応え、「ただいまキャラバン」という保養プログラムも主催した。二つの団体の年間スケジュールを見せていただくと、プライベートな時間がないのではないかというほど多忙だ。七年経っても、募集枠に対して二倍以上の応募がある。

今でも、泣きながら事故後の子育ての苦労を語る初参加者もいるが、保養を通してしだいに表情が明るくなるという。

「「保養のときはママが優しいんだ」と子どもが言ったこともありました。自由に想いを話せることや、お母さん同士の横のつながりの中で自助ネットワークができて、お母さんの気持ちが柔らかくなるのかもしれません」と小川さんは言った。

働いているNPOでは、高校の中で居場所カフェを開催し、生徒たちの進路相談や生活相談に乗っている。保養でも仕事でも「外の居場所」の大切さを実感している。ウクライナの保養施設では、国に雇われた「ウジャーテ」と呼ばれる教育大出身の若手の先生が、課外活動を有益に過ごすために子どもを直接指導する。日本の保養では、夏休みに長期休暇を取れる仕事に転職した運営スタッフも少なくない。民間ボランティアでは、これ以上のことをすることが現実的に難しい。

小川さんは、チェルノブイリ訪問の経験についても話してくれた。

「チェルノブイリに行ったとき、子どもの一生は一度しかないんだと気づきました。事故当時子どもだった三〇代の男性が、原発近くの故郷の村の話をしてくれたんです。その方は避難前の村でみんなで遊んだサッカーボールの話をしてくれたんです。避難している子どもたちも故郷に対する思いは残っていくのだろうと感じました。保養のボランティアはどうしても「政治的」という言葉で敬遠されがちなので独特の難しさは感じます。しかし出会った子どもたちや保護者の形と関係をつくりながら、多様な人とのつながりの中でできることを続けていくということは、自身の人生も豊かにしてくれています」

さまざまな社会貢献活動でも同様かもしれないが、年間延べ一万人以上を受け入れる保養支援団体のほとんどが、こうした地道なボランティアに支えられてきた。滋賀の保養支援者の女性は、自腹で保養相談会に来て、翌日の仕事のために夜行バスで帰っていくこともあった。保養実態調査の報告書の印刷費がなかったので私が困っていると、彼女は紙に包んでそっと二〇〇〇円寄付してくれた。「よい話」として語りたいのではなく、そのような形でないと支えられない、保養の構造的な問題がある。

一つ目の問題点は、そもそも日本がアメリカなどに比べ、寄付金が少ない文化であるということだ。海外のNGO団体から「日本は経済大国なので、ベラルーシやウクライナとは違う。本国の人たちから日本を支援するというのは理解を得にくい」とはっきり言われたこともあった。寄付金文化が薄くかつ経済発展した社会で、政府が積極的に取り組まない課題を解決していくのは難しい。

二つ目は、日本の社会貢献活動が、主として無償または低賃金の従事者を頼りにして成り立ってきた歴史があるということだ。とくに、その従事者が女性である場合には、彼女らに実家や配偶者などのセーフティネットがあることが暗黙の前提とされやすい。一歩間違うと、それは女性が歴史的に担ってきた低賃金のケア労働を転嫁したものになりかねない。

三つ目は、保養が原発事故にかかわるため「政治的」とみなされやすく、行政の補助金を取りにくい分野であるという点だ。これは阪神大震災後にNPO法が成立したあとから続いている構造的問題であるが、NPOが行政の補助金への依存度を高くするほど国の方針をくむ必要が出てくる。同時に、保養そのものは直接支援であるが、アドボカシー活動（政策提言）と混同されやすい。これは私個人の考え方だが、「直接支援」が「アドボカシー活動」につながることは重要であるが、「直接支援」は「アドボカシー活動」とイコールではない。子どもと直接かかわるという点で、危機管理や研修が必要な点などを含めて、求められるスキルや責任の種類が異なる。

ここまでで、保養が支援の仕組み化を進めつつも、現状「善意」に頼った活動としてしか成り立っていない理由がご理解いただけただろうか。従来の自然災害における緊急支援であれば、おそらく縮小に踏み切るべき段階であるが、七年経ってもほとんどの地域で汚染は事故前のレベルには戻っておらず、「当事者のニーズ」が終わらないという現状がある。

続いていくもの

疲弊や試行錯誤を重ねた結果、中止・移行・継続などいろいろな選択をする保養団体が出てきている。まずは中止のケースを見ていこう。

二〇一二年夏から保養受け入れを続けてきた「新潟保養プロジェクト」は、大きなニーズがある団体であったが、一六年に運営を中止せざるを得なかった。同団体は夏休み、冬休み、春休みなどに一軒家を借り上げて、「随時泊まっていけますよ。自由に過ごしてください」という保養事業を行っていた。一三年の夏休みには、南相馬市の避難区域から避難した中学生たちの同窓会キャンプを行ったこともあった。年々参加者が増えていき、最終的に延べ五〇〇人を超えた。新潟は福島から車で行ける距離であることから、事故後ピーク時で一万人近くの避難者を受け入れた。同じ理由で保養のニーズも高い。中越沖地震の影響もあり、民間の支援も手厚かった。[49] 新潟保養プロジェクトは一四年度には、「ふくしまっ子自然体験・交流活動支援事業」の社会教育団体枠を利用した福島市ＮＰＯの受け入れも行った。新潟に一時避難していた保護者が、帰還後、同団体の保養に参加することで避難先にできたコミュニティともつながり続け、安心して子育てできたというケースもあった。

　支援継続断念の理由は人手不足である。運営の中心は仕事を持った数人の女性だった。

「ニーズが増えていく中で、燃え尽きてしまいました」

代表の須藤美都子さんはそう残念そうに語った。しかし今でも、新潟保養プロジェクトの思い出話をする保護者たちに出会うことがある。活動自体は中止となっても、まいた種は各地で芽を出しつづけている。

「キャンプ型」の保養から「滞在型」の保養に移行した団体としては、石川県の「ふくしま・かなざわキッズ交流実行委員会」（ＦＫキッズ）がある。同団体は、二〇一六年冬まで保養キャンプを続けた。リピーターと新しい参加者は半々。子どもも保護者も代表のマスノさんを「マスヤン」と呼び慕う。マスノさんはこう語る。

「この六年間、喧嘩をしても全員で話し合い、とにかく真剣さだけを宝物にしていました。子どもを主に受け入れてきたのですが、様子を見に来たお母さんたちが「こんなに一生懸命受け入れてくれてたんだ」と感動してくれたり、石川の子どもとの交流で「福島の子も石川の子も誰が誰か分からん。分けられていないところがイイ」という意見も出ました。しかし、最初に決めた五年目の節目にふり返ったとき、子どもの自主性を引き出せていなかったとの反省もありました。そこで子どもが育つ場をつくろうと、一七年夏は「共同生活」という形で、借りている能登の一軒家などに子どもだけを受け入れました」

共同生活では、自らの希望で石川に来た子どもたちが、お金の使い道やプログラムの計画を立てた。大人は安全管理に気を配る以外は遠巻きに見守っている。肩の力をぬいた結果、マスノさんは子どもの自主性が花開いていく手ごたえを感じた。

五年目に作成した文集・報告書にも、同団体が築いた関係の深さが表れている。文集の最後にはドロダンゴの写真が載っていた。一一年三月一一日の午前中に、幼稚園児だった子どもが家に持って帰ってきたものだという。保護者の方から届いたメールが引用されていた。

みんなのおうち公園

「この土は、汚れていない福島の土。いつか福島が元通りに戻ったなら庭の土にまぜてやろうと飾っておきました。でも……。この行き場のないドロダンゴは私の心みたいです。福島から逃げることも出来ず、とどまることにも納得できず……震災から六年……私、少しは前を向いているのかな……。大切な物って、高価な物ばかりじゃないですよね。二度と戻らない時間にこそ大切な事や物があるんですね」

マスノさんの言葉が詩的で正直なので、ＦＫキッズは子どもも保護者も思いを正直に語れる場になったのだろう。今後も真剣な時間と宝物のような空間は形を変えて続いていく。

　最後に、保養の新しい形を模索するケースを紹介しよう。東京（青梅）と山梨で、年二回保養プログラムを行ってきた「ブンブンの会」は、常に葛藤を抱えていた。一つ目は、スタッフの多くが勤め人なので二泊三日より長い保養企画をできないことであった。参加する子どもたちは「九泊一〇日くらい保養に参加したい」と無邪気に言ってくれるが、嬉しい反面、十分にできない罪悪感がグサッと胸に刺さることもあった。二つ目は、保養の日程をこちらで決めると、来ることができない人が出ることだ。三つ目にして最大の問題は、最大限努力して応募してきた人たちをすべて受け入れようとしても、定員の二倍三倍の応募があるとどうしても断るしかないということであった。

　ブンブンの会は、すべての課題をどうにかクリアするため、自分たちで施設をつくって、福島から自由に来られる形を目指すことにした。二〇一八年中には、山梨県北杜市で「みんなのおうち公園」として自主保養の受け入れを始める予定だ。自分たちだけで場をつくるのではなく、山梨で保養キャンプに取り組んできたグループが集まってつくりあげたいと考えている。山梨では、保養をきっかけに地域ネットワークができ、地域の若者や子どもの育成スタッフの人生の糧となっているという下地もある。この試みはきっと地域の新しい形を示してくれるだろう。

　当事者のニーズに応えながらも、中止するもの、変化するもの、生まれてくるもの、それぞれの保養の形が続いていく。

社会的合意

本章では、保養に関する制度と権利、そして民間による支援の仕組み化について見てきた。では、支援者の「善意」のみで成り立たせるのではなく当事者の「権利」として保養を制度化していくための道筋として、どのようなものがありうるだろうか。過去の公害問題をめぐる社会や政治の動きにヒントはないだろうか。

原発事故と公害（賠償）の関係について、環境経済学が専門の除本《よけもと》理史《まさふみ》教授（大阪市立大学大学院）にお話を伺った。除本教授は、福島原発集団訴訟[50]の一つで、福島地裁いわき支部に提起された避難者訴訟において、原告が求める「ふるさと喪失」慰謝料についての見解を証言した方でもある。

「原発事故に関する支援制度が難しい点の一つは、被ばくがリスクの問題であり、予防的措置がどの程度認められるかという社会的意思決定にあるでしょう。かつての四大公害裁判では、人命・健康の破壊が被害の中心でした。しかし、低線量の放射線被ばくによる健康影響については、科学的知見が未確立とされており、現状では、健康被害が出ているか出ていないかのコンセンサスがありません。こういった違いはありますが、福島原発事故による放射能汚染は、公害問題としての側面を持っています。四大公害裁判の一つである四日市の裁判では、被害者側が勝ったことによって、一九七三年に公害健康被害補償法が制定されることになりました。原告九人で始まった裁判が、結果として、ぜんそくなどの大気汚染被害に苦しむ他の地域の方々も含め一〇万人以上の救済を実現しました。裁判がこのように支援策につながることもあります」

自然災害と公害は本質的に異なる。公害は社会の構造から生み出されるもので、加害と被害の関係、そして責任と賠償が生じる。同時に、被ばくがどのように補償されるべきかという課題は、原爆、核実験、原発労働、ウラン採掘などグローバルな枠組みで議論が続いているものでもある。

最後に、除本教授から保養についてアドバイスをいただいた。

「公害健康被害補償法では「公害保健福祉事業」の中に「転地療養」の事業が定められており、認定患者が被害緩和措置として保養することが認められています。今後の原発事故に関する裁判の結果によっては、何か展開があるかもしれません。予防的対策の一つとして保養が位置づけられるかは、裁判などを含めた今後の社会的意思決定にかかっています」

ベラルーシやウクライナでは子どもの健康を底上げするものとして、「医療、汚染のない地域での自然体験、教育、文化交流、休息、自立を促す、汚染がない食べ物」などを重視した保養が行われてきた。公害の転地療養制度なども参考にしながら、日本の状況に合わせた独自の保養支援策を考えていくことも可能だろう。

すでに、子ども・被災者支援法では、低線量被ばくへの予防的な支援措置、選択する権利が理念としては明示されている。もし「保養」が制度に定められた「権利」を目指すのであれば、社会的合意を形成していくことが必要不可欠である。その過程で安全管理、子どもの権利、コンプライアンス、研修制度、科学的知識などさまざまなものが、これまで以上に保養に求められる。支援の本質が損なわれないよう、助成のあり方を柔軟にすることなども重要なのかもしれない。問題の構造は異なるが、市民による社会課題の発見、支援の実践の結果が生かされた「ホームレス自立支援法」（二〇〇二年）、「生活困窮者自立支援法」（二〇一三年）のような前例から学びうることも多いだろう。

公的支援を求めていくことが重要なのは、当事者からの保養支援を求める声がなくならないからである。つまり保養支援団体の活動を続けること自体が目的ではない。

そして民間がボランティアベースで行ってきた保養が、資金不足・スタッフ不足で減っていかざるを得ない状況の責任を、保養団体に求めるのは間違っている。本来は国が、実施をしないまでも、当事者の声を集めて検討して、しかるべき責任を取る案件ではないだろうか。文部科学省、環境省への問い合わせの結果、「ベラルーシ、ウクライナの被災者向け保養施設を視察、施策の検討をしたことはない」[51]という回答があった。復興庁からの回答はない。また、福島県内の議員も二〇一二年に視察を行い、調査結果では「今後については医療が重要と考えており、とくに子どもの健康には力を入れている。［略］無料に近い料金で非汚染地での保養が大事。保養センターがあり、健康管理、医療の提供もあり、学校としての機能もある」としている。七年間曖昧にされてきたが、改めて当事者を中心に保養について議論を進めていく必要があるのではないだろうか。

また、次章で見るように、制度形成の際は、原発事故特有の「語りにくさ」も考慮に入れるべきであり、「語りやすい」社会的土壌づくりが求められている。

最後に、娘が白血病になり追加リスクを増やしたくないと感じはじめた、長谷川愛さんの保養体験を見ていこう。

東海地方の保養滞在施設は古民家で、宿泊費無料だった。最初はおそるおそるだったが、時間が経つにつれ下の娘も自然の中で駆け回るようになった。家族だけで知らない土地で過ごすのは寂しかったが、保養支援者がつくった近隣のおすすめマップを持って、足湯をしたりぶどうを食べたりした。事前に救急病院と白血病の専門医がいる病院も教えてもらったので安心感があった。

屈託もなく自然と触れ合う娘の姿を見つめながら、長谷川さん自身が肩の力が抜けていることに気づいた。汚染を気にしないことがこんなにも精神的に楽なのだと。そして、自分自身も自然が大好きで、自然の中で子育てをしたいと考えていたことを思い出した。自分はどうやって子どもを育てていきたいか。大変な闘病生活と、被ばくからの防護に悩む日々で忘れてしまっていたことだった。長谷川さんはそれから毎年、支援者を通じて保養に行くようになった。

すべての人に「保養」の権利を保障することが現実的ではないと思われていたとしても、線量が相対的に高い地域に住む人、病気や障害を持った子ども、生活困窮者など移動が自由に行いにくい人には、せめて「選択」する「権利」を、あるいは失われた「権利」の一部を取り戻すことはできないだろうか。

第6章 語られぬものについて語る

保養について語る

「保養に行くことを周りにカミングアウトできない。だから福島県外に出られない」と保護者に相談されたのは二〇一五年夏のことだった。二〇一一年以降「追加被ばくにまつわる不安を出せない」という言葉はくりかえし聞いていたが、そのとき「カミングアウト」という言葉に重みを感じ、一瞬戸惑った。

「保養を続けてほしい」と、会うたびに保養参加者さんたちに言われる。「それだけが希望です」と言い切った方もいた。しかし、その言葉は大きな渦になることはない。また、保養支援をしたことがある者は、保養の社会的意義、精神的な効用として「保護者が安心して語ることができる」という点を必ず挙げる。しかしそれがなぜ重要なのかについては、この問題にかかわったことがない方には分かりにくい。

この章では、原発事故による追加被ばくを回避したい、放射性物質から遠ざかりたいという思いはなぜ語ることが難しいのかを考察していく。また、これから語る場をつくるときに気をつけるべき点なども示す。

トーンポリシング

「なんで、もやもやするんだろう」
二〇一一年夏、高橋洋子さん（仮名・三〇代）は真っ青な空を見上げて考えていた。周囲を見回すとすっかり事故前と同じに見えた。三月一二日、原発事故のニュースを見た瞬間は、たしかに居間に流れる時間が止まったはずだった。しかし四月に入り新学期が始まると、激流のような日常に流されていった。高橋さんは当時幼稚園児の長男に、外遊びもさせず、長袖を着せマスクをつけさせていた。しかし、暑くなってくるにつれ、子どもはそれを嫌がるようになった。

高橋さんの家の室内は、当時毎時一・〇マイクロシーベルト（平常時の二六倍程度）程度だった。いま思うとみんな不安だったはずだが、高橋さんは口に出せないまま周りとの温度差を感じていた。そして、その状況に耐えかねて心に決めた。

「私は放射能を気にしないで暮らそう」

しかしある日、親しい友人が北陸への避難を決めた。また高橋さんのもやもやが始まる。放射能について話そうとすると、「気にしないほうがいい」と夫に諭された。国の偉い人も町に回ってきて「大丈夫」と言っていた。住んでいる伊達市は、「心の除染」と称して、実際の除染に後ろ向きになっていった。事故に対して怒りを表明して、カルトママと揶揄《やゆ》された保護者もいるような時期だった。そんな風に怒らないほうがいい。不安を持たないほうがいい。事故のあと、そういう経験をした母親は多いのではないだろうか。

「トーンポリシング（Tone Policing）」という言葉がある。[52] それは「話し方を取りしまること」という意味である。相手のメッセージそのものではなく、その背後にある「感情」に焦点を合わせ批判することで、議論を脱線させる手法だ。トーンポリシングは、「議論は「冷静」で「合理的」に行われるべきで、感情とは距離を置かなければならない」という考え方の上に立っている。

「冷静になりなさい」

原発事故後くりかえし保護者たちが浴びてきた言葉だ。しかし、そうした手法は、その話をされると「居心地」が悪い聞く側が、相手の会話をコントロールするために使うことがある。しかし、理性と感情が必ずしもお互いに独立したものではないことは、最近の社会科学でも言及されるところである。事故後、「できるだけリスクを減らしたいと動く人＝感情的」、「リスクを受け入れる人＝理性的」という方程式のもと、前者は話し方や感情を取りしまられてきた。

高橋さんは自分の中のもやもやに従って、二〇一一年秋、友人を頼って北陸に避難する。避難した先では、自分の不安を正直に話せる仲間ができた。地元の方々との交流もあった。しかし、母子避難生活の苦労の中で、高橋さんは精神面で不安定になっていった。

私が出会った二〇一三年、高橋さんは乳児を抱いて少し暗い顔をしていた。北陸から福島に帰還したばかりで誰も話せる人がいないという。そこで私は、近くの子育て支援団体を紹介し保養情報を提供した。そして一七年秋、伊達市で再会した高橋さんは、すっかり元気そうになっていた。震災時には小さかった子どもも、小学生になった今ではクラスで一番背が高いという。

「去年ここ、切ったんです」

高橋さんは自分の首もとを指さした。震災から一年半後、橋本病になった高橋さんはその後、甲状腺腫瘍が見つかり専門病院で片方の甲状腺を切除していた。毎日薬を服用しているという。地元では「甲状腺」というキーワードを使いにくい雰囲気がある。高橋さんも甲状腺を切除したことは、あまり周囲には話さないようにしている。甲状腺の疾患自体は事故以前から存在するものだが、事故のあと他人に話しにくくなったという話はよく聞く。中通りに住むある保護者は、甲状腺がかかわる病名を言っただけで、「でも甲状腺の病気って命にかかわらないから、あまり気にしないほうがいいよ」と強く言いかえされたことがあったという。

高橋さんは今も、できるときは子どもを連れて保養に出かける。

「帰還したときは、これから孤立していくのかなと思ってました」

しかし保養先や地元で同じ境遇の母親たちとつながることで、徐々に気持ちが回復していった。そこでは、感情や原発事故の話を取りしまる人はいない。ここからは、高橋さんを苦しめた「冷静で科学であれ」という圧力について、専門家のお話を伺いながら考えていきたい。

「権利・民主性モデル」と「事実・客観性モデル」

誰が、何について語ったり行動したりする資格があるのか。支援でも、それは大きく問われたことだった。事故から数年経ったある日、西日本で保養受け入れを行う団体のところに研究者の方が来て、「科学的」資料を並べて「これをすべて理解できていないなら保養をやめろ」と訴えるというケースがあった。その保養団体は、福島県内の保護者の要望を受けて立ち上がったボランティア団体だった。心のケアのみを目的として、事故に関して踏み込んだ発信もしていなかった。寄付金を集めつづけるのにも疲れていたところで、そのような圧力を受けたことで、同団体は次年度から保養支援を行わないことにした。そして数十人が保養先を失った。風評被害や差別を防ぐためには、「正しい」理解や情報は必要である。しかし私は、選択肢として用意された支援までが、「科学」の名の下に刈り取られていくことに強い疑問を感じた。

「政策決定など社会的意思決定は、科学だけでは解決できない問題です」

科学技術社会論が専門の平川秀幸教授（大阪大学）は二〇一七年秋、研究室でそう教えてくれた。

「事故後に盛んに叫ばれた「リスクコミュニケーション」は、本来、リスクを市民に受け入れさせるための活動ではありません。一九七〇年代～八〇年代にはそうした傾向が強くありましたが、現代では、人々が社会の中でどういうリスクがあるか知り、国の基準や対策も含めて知識や情報を共有し、個人がどう選ぶか、社会としてどう合意形成するかが重要である、という民主主義的な考え方が基本になっています」

平川教授は、被ばくのように不確実性の多いリスクについて考えるガバナンスモデルとして、①権利・民主性モデルと、②事実・客観性モデルとに分けて説明をしてくれた。

①権利・民主性モデルは、一人ひとりのリスク認知を、科学に加え権利の問題も含まれ、人によって判断が異なる多義的なものとしてとらえる。そこでは、「個人の自己決定を助ける」ことや「民主的な意思決定を行う」ことが主な課題である。一方、②事実・客観性モデルでは、「事実」のみを争い、「知識不足やバイアスなどで歪んだリスク認知をいかに正すか」ということが主要な課題となる。[53] 平川教授は、事故後に行われたリスクコミュニケーションで専門家や行政が、放射線リスクに関する「科学」の知識や情報の普及を進める一方、個人の選択や考え、一人ひとり多様な価値判断といった「権利」のレイヤーをあまりにないがしろにしてきたのではないか、と続けた。

「『人がどのようにリスクをとらえるか』というリスク認知は、総合的なものです。今回の事故でも、それぞれの置かれた環境や制約の中で、避難するかしないか、保養するかしないか、帰還するかしないかといった行動も選ばれました。その一つひとつの決断では、必ずしも『科学的事実』だけが人々の選択を決めているわけではなく、ある選択をしたときに得るものと失うものを天秤にかけた、一人ひとりさまざまな価値判断があったはずです。そもそも『安全』という概念は、たとえば国際標準化機構（ISO）の定義によれば『受け入れられないリスクが存在しないこと』であり、受け入れられるかどうかを決めるのは、科学ではなく個人の判断や社会の合意なのです。とくに原発事故は、日常のリスクと違い、自分に何のメリットもありません。また社会の中で不平等に現れたリスクでもあります。健康被害のリスクだけでなく、そのような理不尽も受け入れたくないという人々がいることも自然なことでしょう」

今回の事故では、②の事実・客観性モデルの論争に隠れて、①の権利・民主性モデルが十分に話し合われなかったのではないだろうか。

平川教授によれば、科学はパターナリズムに陥りやすい分野でもあるという。パターナリズムとは、強い立場にある者が、弱い立場にある者の利益のためだとして、本人の意思にかかわりなく介入・干渉・支援することである。

二〇一二年、忘れられない光景がある。保養相談で参加した福島県内の健康相談会で、「被ばくの感受性には個体差があるので、できる範囲で気をつけることが大切」という医師の講演を聴いたあと、物理学者の方たちが「被ばくの感受性に個体差があるわけないでしょう」と廊下で手を叩いて笑っていた。それを聞いて、私の隣にいた福島市のお母さんは、ただ押し黙って涙を浮かべ持っていた紙をぎゅっと握りしめた。おそらくこの専門家たちにとっては、追加被ばくを恐れたり避けようとしたりすること自体が愚かなことに映っていたのだと思う。その後の講演では、その専門家はくりかえし「安全だ」と言っていた。

パターナリスティックにふるまう人は、科学と自分を同一化し、自分が持っている力や権力性を見つめることができない。そのふるまいを批判されると、科学そのものが批判されたと思い込み、強い被害者意識を持つ。そして二項対立の世界観に陥る。「客観的」であろうとすることと、自ら「統治者（支配しておさめる人）」の目線に立とうすることは必ずしもイコールではないが、事故という大きな危機に直面して、統治者目線になってしまった専門家も多かった。本来は、「追加被ばくを受け入れろ」という側は、「追加被ばくを受け入れたくない」という当事者を、抑圧する側である。しかし今回の事故で、「科学」を代弁するほうが被害妄想に陥ったのは、こういった構造があるのかもしれない。

平川教授はこう語った。

「市民の側にも、科学者に行き過ぎた役割を期待してしまい、それがパターナリズムを助長してしまうところがあると思います。もちろん、科学や技術の専門的な事柄については、科学者ら専門家の判断に頼る必要がありますが、だからといって、本来は自分たちの判断と責任で決めなければいけないことまで専門家に預けてしまってはいけないでしょう。そうした態度は自分自身だけでなく、自分で決めたい人たちの権利を損ねることにもなってしまいます」

平川教授は、科学者の役割を考えるために一つのエピソードを教えてくれた。ＢＳＥ問題[54]において、日本がアメリカから牛肉輸入を再開するときのことだ。内閣府の食品安全委員会の席上で、科学者たちは、科学的なリスク評価を行う自分たち（リスク評価者）と、その結果に基づいて施策を決定する政策決定者（リスク管理者）の「責任」の違いについて、このようなことを主張したという。

科学者の責任は、リスクの有無や大きさについて科学的に見積もることにあるが、この評価結果はしばしば不確かさをともなう。政策決定者は、不確かさも含めたリスク評価の結果に加えて、経済的・社会的な影響についての考慮や、国民も含めた利害関係者の意見を踏まえてリスク管理の施策を決定する。これは科学を超えた総合判断であり、その責任は、科学者ではなく政策決定者が負わねばならない。国民も、しばしば科学者に、「安全」か「危険」か、白黒はっきりした答えを出し、それによって施策を決定することを期待するが、そのような最高裁判所のような役割を科学者は担うことはできない。

②の事実・客観性モデルのみを用いて、パターナリスティックに当事者の判断や選択を批判すること。これは科学者のみならず、追加被ばくのリスクを高くとらえる人々の中でも起きた。県外から「なぜ逃げないのか」と怒鳴られて、悲しんでいた保護者を私は何人も知っている。

事故から七年経った。私たちは今、パターナリズムから降りることはできないだろうか。科学的な議論を踏まえながらも、平川教授が提案する①権利・民主性モデルで、当事者の権利について考えていくことが必要ではないだろうか。

沈黙とトラウマ

福島県県南地域のある保護者が、「地元の子育て支援のお話会で、「放射能」が怖いと言ったら、別室に通されて、「健康リスクはゼロだ」と説明を受けた」と話してくれたことがあった。それから彼女は本音を語らなくなり、保養に行くようになった。国の健康不安対策に従うと、過剰な不安に陥っているとみなした人に、このように対応するのが正解とされているのかもしれない。しかし、そもそもの起点としての原発事故の「経験」が、そこでは無視されているのではないだろうか。

二〇一七年九月、相馬市のメンタルクリニックなごみで、精神科医の蟻塚亮二医師にお話を伺った。

「人災は天災より痛みが強く、恨みを残します。たとえば子どもが転んで膝に怪我を受けた痛みと、親の虐待で煙草の火を押しつけられた痛みは、痛みの質と悲しさが異なります。その痛みや悲しみを抑圧することは絶対にしちゃいけない」

沖縄戦のトラウマを発見し、トラウマ研究の第一人者でもある蟻塚医師。事故後、地域医療回復を望む現地の方々の要望を受け、沖縄から福島に移住した。

「不安というのは、自分を守るための黄色信号のようなもので、あって当然のものなんですよ。その不安が間違っていたとしても、不安と思ったことは止められない。フロイトの精神医学も「世間のものさしで感情をはかるのではなく、素直に認める」というところがスタートです。自分の負の感情に敏感に気づいて、そこから自己分析できて、処理したり行動したりできるほうがいいんです」

蟻塚医師は力強く断言した。なごみクリニックには、国に指示されて避難した方や原発作業員だった方なども通ってくる。

「現在、事故について公に語ることがタブーになっているので、その方々はこの病院で語ることで自分の経験を見つめているようです。隠蔽された経験を持つ人々、沈黙させられた人々は、ＰＴＳＤが強くなります。その人の中で破局的な経験が生きつづけて風化しないのです。火のないところに煙は立たない。原発事故という火は確かにあった。だから、不安や苦しみという煙が立っているんです。火と向き合わずに煙だけをかき消そうとするのは無理なことでしょう。安心して語れる場所が必要です。一人ひとりが自分の正直な気持ちを語ることをタブー視しないで、語れる場所をつくっていかなければなりません」

蟻塚医師は「聞く」側の姿勢についても言及した。

「カウンセリングもやりようによっては、社会の問題を「個人の責任」にしてしまうところがある。それに気をつけなければならないでしょう。しかし一方で、支援者が自らの個人的な感情や価値観を押しつけることもセラピーにはならない。耳を傾け「傾聴」をすることが重要なんですね。そして「かわいそうな人」とスティグマ（烙印）を押すこともまた回復を妨げます。この問題に関しては、同じ社会・世界に生きる者として、私たちもまた加害者なのです」

「自分は加害者だと思いながら、当事者の方とかかわるのは苦しいのではないでしょうか」と私が伝えると、蟻塚医師はこう答えた。

「加害者というレッテルを背負って生きていくことが謝罪なのではなく、二度とくりかえさないために何をするかというのが「本当の謝罪」だとドイツでは言われています」

それから福島の現場で六年近く診察してきた経験を込めて言った。

「福島の人たちは、まだ「悲哀の仕事」ができていないと感じます。原発事故がどれほどつらく悲しい経験だったか感情を出さなければ、次には行けない。立ち直っていけない。国や東電などの加害者から十分に謝られていないことも、理由の一つとしてあるかもしれません」

福島のお母さんが「遠いところの人のほうが話しやすい」と言ったことを私は思い出した。彼女は「自分より大変な目に遭った人たちが同じ地域にたくさんいるので、自分のつらかった経験を出せないんです」と語っていた。

トラウマ研究の第一人者であるベッセル・ヴァン・デア・コークは、『身体はトラウマを記録する——脳・心・体のつながりと回復のための手法』の中で、「惨事が起きたとき、逃げ去るなど能動的な役割を果たすことができ、主体として行動できた人のほうが心身の不調和は減る」といった旨を述べている。9・11のときにビルから飛び降りる人々を見たある子どもは、すぐに安心できる家族と再会できたことでトラウマを小さくできた。同時に、その子どもは、「救命トランポリン」という、ビルから飛び降りる人々を助けるトランポリンの絵を描いた。コークによれば、危機から逃げだすことができることと同時に、その経験を再構成するなど創造的な行為ができることが、トラウマを強めないために重要だという。

私は、この話を読んだとき、「どうしても三月に保養に行きたい」という相談を受けたことを思い出した。そのお母さんは三月になるたびに、事故のあと自分たちが逃げられなかったことを思い出すのだという。彼女は、保養という形でくりかえし回避行動をすることで、自分のトラウマを乗り越えようとしていたのだと気づいた。また、事故直後に小さかった子どもたちが成長し、年下の子どもたちのためにボランティアとして保養に参加することが近年よく見られる。それもまた、原発事故という経験を乗り越えるための創造的な行為の一つではないだろうか。

蟻塚医師のお話は、原発事故を「語る」ことを通して悲哀の仕事をする大切さと、それを社会が受け止めていく責任を示していた。

ひとりの人の中のゆらぎ

事故後の支援を行ううえで重要なのは、傾聴と同時に一人ひとりの中にもゆらぎがあることを知ることである。須田優子さん（仮名・四〇代）は、事故後に西日本で保養支援を行っていたが、二〇一三年に家族の仕事の都合で福島県浜通りに移り住んだ。須田さんはこう語る。「自分が保養支援者のときはひとりの当事者のお話を聞いて、「これが当事者の意見だ」と持ち帰っていましたが、自分が住んでみるとそんな単純なことではない。いろんな意見がありますし、ひとりの人の中でもさまざまな思いがあります」

須田さんは移住直後には、人と会って話すのも億劫《おっくう》だったという。それぞれの考え方が分からないので、探るような会話になってしまうからだ。しかし、復興のための講演会やワークショップに参加するうちに、「節目節目で放射能が気になる」という人や原発に怒りを感じている人も存在すると知るようになった。ぱっと見では分からない。口を閉ざすのが無難だと多くの人が感じているようだった。

「浜通りですらそうなので、原発の遠い中通りではもっと話せないだろうなと思います。ふと、「先のことは分からない」とつぶやく人もいます。医師や教師の方が、子どもの運動能力が低いと心配しているのを聞いたこともあります」

保養については、今もニーズを感じるという。

「正直に言うと、外側から「危険」と言われてもかちんとくるし、「安全」と言われてもかちんとくる人がいます。保養という名前でなくてもいい。こっそりであっても参加できるものが続いてほしいです。福島に移住してみて、私は「福島の人は」といった大きな主語で語れなくなりました。「私はこう思っている」としか言えないです。それすら言えない人もたくさんいます」

人間はあまりに巨大なものに直面したとき、それを運命的だと感じ、ロマンチシズムを抱くことがある。事故後、「被災者は勇気を持って宿命（追加被ばく）を受け入れる」という大きな物語が多く報道された。その物語の陰で、一人ひとりの中にあるゆらぎは隠された。そうして不安や怒りを持つ人は「個人の責任」という小さな物語に排除されていったのではないだろうか。

沈黙のらせん

本章の冒頭に出てきた、北陸に避難して伊達市に帰還した高橋さんは、今でも新しく会った人に避難のことはあまり話さないようにしている。夫や義父は放射能の「ホ」の字を聞いただけでストレスを感じるようなので、家の中では一切話さない。

「べつに、そんなにものすごく危険だって思ってるというわけじゃないんです。自分の感じたことや考えたことを正直に話せるだけで違うんですけどね」

高橋さんは朗らかに八重歯を見せて笑った。

ただ風化していくのではなく、語ること自体がタブー視されていると感じる人が多いのは、原発事故特有の現象ではないだろうか。「沈黙のらせん」という言葉がある。少数派と自覚している人は、メディアなどから流れてくる多数派の意見を怖れて語りにくくなる。そして語られないものはより語られなくなり、すぼんでいくらせんのように少数派の存在自体がさらに隠されてしまう。

二〇一八年、朝日新聞と福島放送による、福島県を対象とした世論調査（電話）が行われた。事故による放射性物質が自身や家族に与える影響への不安について聞かれると、「大いに」二一%、「ある程度」四五%を合わせて六六%が「感じている」と答えた。[55] 高止まりを続ける「不安」は、沈黙させられたまま存在を隠されつつあるのかもしれない。

この章で見てきたトーンポリシング、政治と科学の関係、権利と科学の関係、沈黙とトラウマ、一人ひとりのゆらぎ、といったことに気をつけながら、もう一度「安心して語れる場所」と「語りの再構成」が必要ではないだろうか。それを十分に行ったうえで、制度に生かしていくことが重要である。

第7章「分断」「差別」と向き合う

ここまで、保養のニーズや実態、制度や権利など、支援にかかわる比較的ポジティブな側面に光を当ててきた。それに対して、この章では、「保養は風評被害や差別を生む」という言説を受けて、分断や差別といったこの問題の影の部分も見ていく。本書では、分断や差別を、福島第一原発事故固有の「点」の問題として扱うのではなく、歴史という縦軸と、社会の中にある他の課題という横軸を注意しながら見ていく。しかしながら、原発事故という巨大な問題の分断、差別の全体像について取りあつかうことは困難である。よって、小さなのぞき穴のような「保養」という活動に、何種類かのレンズを通して見えること、またそこから分かってきたことを考えることに留めたい。

二〇一七年九月、全国紙で「心のケア」として紹介された保養受け入れ活動の記事に、当団体リフレッシュサポートとして保養の現状についてコメントを寄せた。しかし、その記事が公開されたあと、それがネットに転載されると、当団体に対して一〇〇通近くの匿名の誹謗中傷メールが届いた。電話での恫喝《どうかつ》もあった。これは、個人的に非常にショックな体験だった。しかしそもそも、被ばく回避行動自体が「風評被害や差別を生む」というのであれば、除染といった行動もすべていけないことになってしまうのではないだろうか。二〇一八年一月に、別の全国紙の福島県版にのみ記事が掲載されたときには、誹謗中傷はなかった。数件、保養に行きたいという問い合わせだけが届いた。そこから、おそらくネットにさらされたことがきっかけで、主に福島県外の方々が「善意」で誹謗中傷の連絡をしてきたということが分かった。私は、保養が風評被害や差別を意図した活動でないということを整理して、改めて社会に示す必要を感じた。

この章では、第一のテーマとして「分断」を取り上げ、公害におけるインタビューを見ながら、事故後の状況について考える。そして第二に、その「分断」とどのように向き合っていけばいいか、保養を中心に見ていく。第三の「差別」については、風評被害、ヘイト・スピーチ、避難者、ジェンダー、リプロダクティブ・ヘルス／ライツのテーマに絞って見ていく。最後に、原発事故の被ばく回避への支援活動は、どのように「差別」と向き合おうとしてきたか、その活動の本質は何なのか考えていきたい。

分断

水俣で育って

「地域が分断されるんじゃないかと、とっさに思いました」

石橋洋子さん（仮名）は熊本県水俣市に生まれ育った。二〇一一年、津波の被災地支援を行ったあと、原発事故の被災者を支援するボランティアに参加した。石橋さんが事故直後に地域の分断を予想できたのには、彼女の生い立ちが関係していた。一九五六年五月一日、熊本県水俣市で公式に発見された「水俣病」。石橋さんの祖父は水俣病患者であった。また、胎児性水俣病の人が親戚にいる中で育った。

水俣病とは、チッソの化学工場から水俣湾に排出されたメチル水銀化合物（有機水銀）が、魚介類の食物連鎖によって経口摂取[56]されることにより発生した中毒性中枢神経系疾患である。石橋さんが生まれた一九六七年、当時、水俣には「騒ぎ立てるのはやめてくれ」という人々と「苦しい」と声を上げる人が存在し、地域は分断されていた。チッソや熊本県、国の不誠実な対応や、長引く裁判も大きな要因となっていた。

水俣病の被害が拡大したのは、被害者に過度の科学的証明が求められ、しかもその証明責任が被害者側に負担させられたことが一つの要因であった。そのため、新潟水俣病などその後の公害訴訟の判決では、因果関係の立証責任の一部を加害者側に転換することになった。[57]しかし、水俣病の認定や補償は「境界」で区切られ、すべての被害者を救済するには至らなかった。この問題をめぐっては現在でも、認定と補償を求める裁判が続いている。

石橋さんが暮らしたのは、大企業チッソの城下町。その中でも漁師の多い貧しい地域だった。

「国や、環境汚染を起こした企業を、簡単には信じられないという気持ちは今でもありますね」

二児の母でもある石橋さんはそう語る。幼いころ、地域の中で水俣病について語られることはほとんどなかった。祖父の手がよく震えると感じていたが、祖父が水俣病患者だと知ったのも死後偶然に書類を見たことがきっかけだった。

「「賠償を受け取って良い生活をしている」「水俣病はうつる」と誤解されることがあるので、熊本県内の他の地域で水俣出身だとは言いませんでした」

事故直後の支援者の内部で、どういう支援を行うべきか議論するとき、石橋さんの言葉はいつも力強かった。

「こういうことが起きてしまったら、どうしても地域の中で対立はある。対立しても対決しなければいい。違うまま共生するしかない。可能な人は、分からないもの、怖いものからは、どんどん逃げてほしい」

石橋さんは高校を卒業後に、東京に出てきて初めて「水俣出身です」と自己紹介できるようになった。

「大学生になって石牟礼道子さんの『苦海浄土』を読んで、初めて水俣のことを思って泣きました」

石橋さんが生まれたとき、すでに百間港はヘドロで濁っていた。

「転校してきた子に「この海は臭い」と言われて、毎日嗅いでいても自分がそれに気づいていなかったことに驚いたんです。私にとっては当たり前のことだったたから」

『苦海浄土』で描かれた水俣の自然の美しさに触れたとき、その記憶がよぎった。故郷から失われたものを思い、涙がこぼれた。

石橋さんからこのエピソードを聞いたとき、思い出したことがある。国から指定された区域から避難した保護者が、「事故後に生まれた私の息子は、除染土がつめ込まれたフレコンバッグが並ぶ故郷しか知りません」と語ったときの姿だ。

その後、水俣湾では水質改善のための大がかりな浚渫《しゅんせつ》および埋立事業が行われ、熊本県の調査で一九九四年には、平均値で国が定めた暫定基準（総水銀〇・四ppm・メチル水銀〇・三ppm）を超える魚種はいないことが確認された。このため、一九九七年、熊本県知事が安全宣言を行い、漁も再開されている。

「福島の事故がフクシマと呼ばれるようになって、ミナマタと同じだと思いました。でも私はミナマタというのは嫌じゃない。水俣病を含む社会問題「ミナマタ」と、私が思いをはせる故郷「水俣」とを分けて語ってもらったほうがいい」

最後に、「原発事故にともなって起きた問題で、いま悩んでいる子どもに伝えたいことはありますか」と尋ねると、石橋さんはこう力を込めて言った。

「あなたは絶対悪くないということだけは、くりかえし伝えたいですね」

石橋さんのここでの語りから、公害において地域が「分断」されることが見えてきただろうか。もちろんすでに被害が確定している水俣病と、原発事故による被害の問題はあり方が異なる。しかし、賠償をめぐって分断が起きたこと、国や加害企業との緊張した関係、「水俣病はうつる」といった差別行為があったこと、差別を怖れて声を上げられない人々がいたこと、地域の中ではむしろ「問題」が語られなくなり、地域外に出たときに初めて客観視できることなどの共通点が見られる。これは、「加害と被害をめぐる意見の不一致・対立」の存在が、地域の分断につながっていくという点で、自然災害後の地域の問題とは異なる。

地域の構造――四日市ぜんそくの語りから

二〇一七年一二月、「四日市公害と環境未来館」では、山本勝治さんの公害語り部の会が行われていた。山本さんは、石油化学コンビナート労働者でありながら反公害活動を行った方である。四日市ぜんそくの歴史を学んだあと、小学五年生たちが一室に座り、じっと山本さんの顔を見つめていた。私が四日市を訪れたのは、これで三回目だった。四日市の市民は、原発事故後に避難者支援を中心に積極的に支援に取り組んできた。

「四日市は四日市ぜんそくが起きたけど、いまでは環境都市なんです」

二〇一二年、四日市の支援者交流会で、そう地域のボランティアの方々が語っていたのを覚えている。

四日市ぜんそくは、三重県四日市市で起きた大気汚染による公害である。日本の四大公害病として有名だ。まずは歴史をふり返ってみよう。一九三〇年代半ばに地域では産業が発展し、一九四一年には第二海軍燃料廠が塩浜地区で操業を開始した。戦時中には九回の空襲を受けた。五〇年代に中東やアフリカで大油田が発見され、エネルギーの中心が石炭から石油に移行した。石油の輸入に利便性の良い太平洋岸にあった四日市では、一九五九年に海軍燃料廠跡地に日本初の大規模石油化学コンビナートが稼働を開始した。[58]

四日市ぜんそくの被害が深刻だった塩浜地区。その小学校の校歌には、日本社会が高度経済成長期に「科学」に託した希望が表れていた。

港のほとり　並びたつ
科学の誇る　工場は
平和を護る　日本の
希望の　希望の　光です
塩浜っ小《こ》　塩浜っ小《こ》　僕達は
明日の日本　築きます

山本勝治さんは、一九六二年から石油化学コンビナートで働きはじめた。日本で初めての大規模コンビナートであったため、工場経験者は少なく、人が間違って起こしたトラブルも多かったと記憶している。はじめに発生したのは異臭魚と水質汚濁だった。山本さんも毎日嫌な臭いの中、工場へ通った。塩浜地区ではススが降ってきて洗濯物を干すとかえって汚れてしまう。少しずつぜんそくが増え、最初は地域の名前を取って「塩浜ぜんそく」と呼ばれていた。周りの地域の人たちは、塩浜の問題だと考えていた。しかしだんだんとぜんそくが広がっていき、「四日市ぜんそく」と呼ばれるようになった。そういう背景のもと、一九六七年九月、九人の原告によって第一コンビナート六社を相手取って提訴が行われた。提訴に踏み切るとき親戚から「家族の縁を切るぞ」と言われた原告もいたという。

水俣病やイタイイタイ病が特定企業による特定性疾患であるのに対し、四日市ぜんそくは他の地域にもある非特異性疾患で、因果関係の立証がより難しかった。そこで疫学による立証が行われ、一次訴訟で勝訴した[59]。そこで社長が謝罪。被害者への賠償を行い、公害防止のための抜本的な発生源対策を約束した。二次訴訟準備組に対しても判決に準じた賠償がなされた。その後、一九七三年に公害健康被害補償法ができたのは第5章で触れた通りである。

「工場側の人は、判決で負けて悔しかったですか」

山本さんのお話を聞いて、女の子が手を挙げて質問した。

「工場の経営者は悔しかったかな。工場で働く人たちは、はじめは工場がぜんそくの原因だと思っていなかったけど、裁判が始まって二、三年経つと工場が悪いと気づいていました。しかし、経営者はお金をかけてすぐに改善することができなかった。工場の人でもぜんそくになった人はいますが、黙っていました」

「反公害運動をしてよかったですか」

そう質問した男の子もいた。

「工場を辞めないで、公害をなくそうという運動をしていたら「そんなことをあんまり言うな」と言われたり、患者の応援をしていたら「工場を辞めてください」「給料を下げるぞ」と脅されたりもしました。だけど他の工場にも反公害（運動）をしている人もいたし、表では言えないけど陰ながら応援してくれる人もいました。みんな、反公害が間違っていないことは分かっていた。正しいことをやったらちゃんと応援してくれる人がいます。分かってくれる仲間もできる。だから私は、反公害の運動をやってよかったです」

答えを聞いた男の子は納得したようにうなずいた。

語り部の会のあと、山本さんと直接お話をすることができた。

「塩浜の中でも漁民が多い磯津で、患者が多く出ました。裁判に訴えたのも磯津の患者たちです。けれど周りの地域の人たちは、「あそこは特別な地域で、お金がほしいから裁判をやりはじめたんだ」と噂していました。判決でお金が出たときも、地域の人たちから原告は「あいつらだけずるい」と嫉妬されていました。裁判が始まって一年後に患者の会もできましたが、結局は、四日市全体の患者を組織化できませんでした。患者は四日市の三分の一近くの地域で存在するにもかかわらずです。理由は自治会のたて割りが強かったからだと考えています。そのうえにさらに行政がありました」

山本さんは、ときおり昔を思い出すように上を見ながら、話を続けた。

「被害者を抱えた母親の力は強いものがあり、母の会もがんばりました。なんたって目の前にいる自分の子どもが被害の対象なんですから。それでも、夫や舅《しゅうと》の世帯主まで声が上がらない。上がったとしても、自治会では特定の少数の人の問題だとされて、行政まで働きかけてもらえない。当時、地域の議員にはコンビナートとかかわりが深い人も多かった。行政もコンビナートを続ける方針を変えるつもりはなかったですしね」

「そういった地域の分断をどう乗り越えましたか」と私が質問すると、山本さんは眉をひそめた。

「解決はしきれなかったですね。大半の人が声を上げないで黙ってしまった。大きな課題が表面に出ることなく、これまで蓋でふさいできました。水俣は加害企業が一社ですが、四日市ぜんそくの場合は複数の会社による共同責任なので、加害の責任がぼやけたところもあったと思います。しかし、水俣のように「魚を食べないようにすれば原因を断てる」ということではなかったのです。「生きていくためには息せねばならん」とぜんそく被害者たちは必死でした。二〇一五年に四日市ぜんそくの公害資料館ができたときも、寝た子を起こすなという声も少なくなかった。地域の人たちは、外からレッテルを貼られるのが嫌なんです。四日市だけが四大公害の中で唯一資料館がありませんでした。一〇年前までは、そもそも四日市市の中で四日市ぜんそくについてきちんと教えていなかった。長い間、四日市ぜんそくはタブー視されていました」

　山本さんはさらに最後にこう語った。

「四日市ぜんそくは亜硫酸ガスが原因で、現在は年平均値が〇・〇一七ppmが基準となっています。しかし基準にはあまり意味がなくて、ぜんそくになるかならないか個人差がものすごくあります。実際に、私は全く影響がありませんでした。それに大気汚染はどの人が病気か分かりにくい。子どもは弱った人をいじめます。学校を休むと差別をされるので、隠しながらがんばって登校している子どもたちもいました。健康被害を受けるのが、たとえばクラスに一人の割合だからよいという問題ではありません。経済は、人を「平均化」して、健康を数値化して考えてしまいます。しかし、たった一人であっても影響が受ける人がいたら、最後のその一人が健康に暮らせるのが大事なんですね。健康に関する問題は、一番弱い人に最も被害が出ます。健康とお金という比較ができないものを、比較してはいけません」[60]

　四日市市の塩浜小学校は五〇人近い公害認定患者を抱える中で、一九七二年の講堂新築を機に新しい校歌に変更した（二〇一四年閉校）。

南の国から　北の国
港出ていく　あの船は
世界をつなぐ　日本の
希望の　希望の　しるしです
塩浜っ子　塩浜っ子　僕達は
明日の日本　築きます

最後に、山本さんはこうつけ加えた。

「私が加害企業の中にあって声を上げることができたのは、六〇、七〇年代の「政治について語ることが許される時代」の影響があったと思います。それと、仕事を辞めさせられてもすぐに次の仕事が見つかった。いまの若い人は経済的にも弱い立場に立たされて、声を上げにくいというのはあると思います。それでも、声を上げないと何も始まりません」

第6章では、原発事故について「語れない」ということを、いくつかの視点から分析した。これとあわせて、山本勝治さんのお話から、地域の中にある「構造」と、「公害」による地域の「分断」が、当事者が語ることを困難にさせる一つの要因であることを考えていきたい。

四日市ぜんそくの地域の社会構造を図4のようにまとめてみた。この社会構造は四〇年以上前のものであるため、現在の原発事故後の状況にそのまま適用することはできない。賃金格差がありつつも女性の社会進出は進んでいる。一方で、職業の違いによって、女性の中にも上下の関係ができやすくなっている可能性がある。また、自治会などの機能は、当時に比

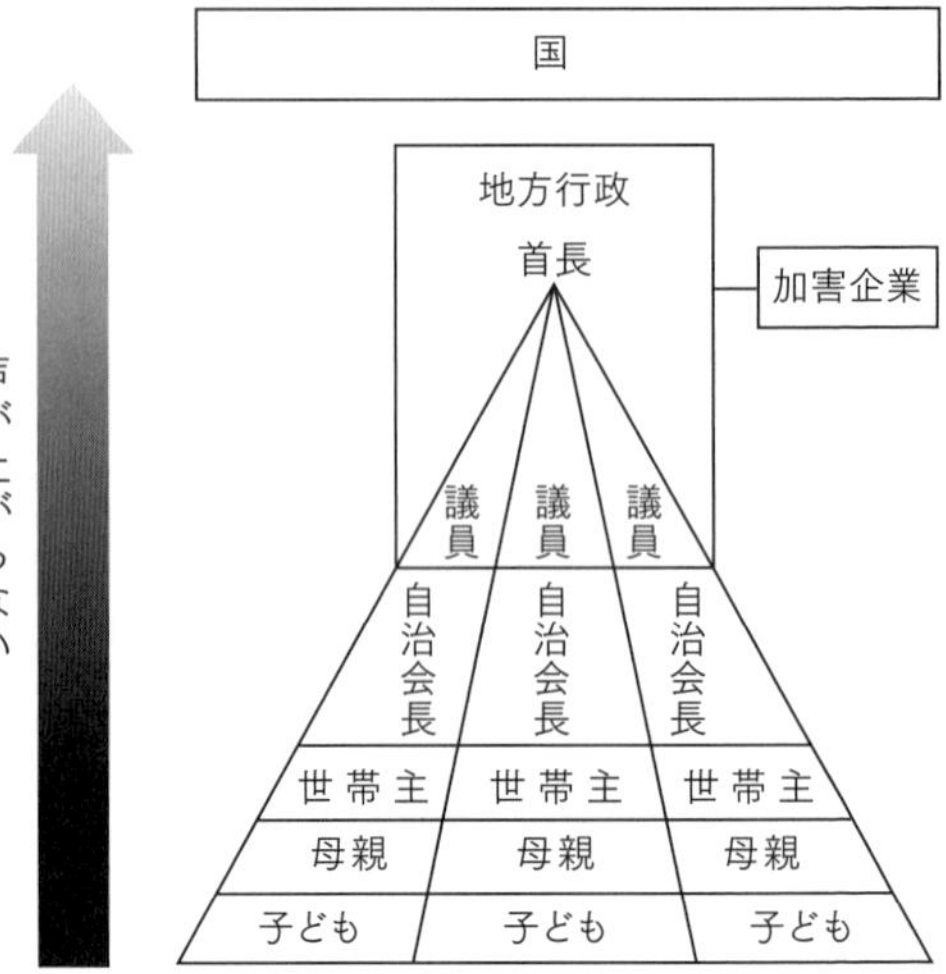

図４　地域の構造イメージ

べて弱くなっている。

しかし当然のことながら今も、地域の中に対等に「個人」が点在しているわけではない。それぞれの地域には何らかの「構造」がある。そしてその構造の中のどこに所属するかによって、それぞれに見えている「風景」が異なるのである。それゆえ、母親、世帯主、自治体の中心人物、首長に聞き取りを行った場合に、それぞれ見えてくる「地域」の現状が異なるのは確かだろう[61]。

外部者が地域の構造を指摘すると、「これはこの地域の固有の文化である」という反論が起きる。しかし、そう語る人物が、地域において「どの地位」にいる「誰」であるかは注目すべき点である。地域活性化の活動などでもしばしば起きることだが、そこには、地域の構造に対する「文化相対主義」[62]的な姿勢の問題があると考えられる。地域の自律性を尊重するという意味では、相対主義は重要なものであるが、「すべての人に与えられるべき権利」といった普遍的な要素を考慮しないのであれば、それは相対主義の濫用であるといえる。

上に示した図の縦に伸びる線は、原発事故後の賠償の区分としても読みとることができるかもしれない。国に指定された避難区域に対しては十分でないながら賠償がある一方で、それ以外の地域では、線量が高い場所があったとしても、そのレベルの賠償は受けられていない。たとえば「南相馬では、避難や賠償が三つのゾーンに分けられたことから、地域の分断が深刻だ」と、南相馬市から保養に来る方々は口をそろえて語る。

水俣病、四日市ぜんそくの公害に関する「語り」から、つくられた「分断」の一端を見ることができただろうか。これを踏まえて、次からは、原発事故にぐっと焦点を当てて「分断」とどう向き合えばよいかを考えていこう。しかしあくまでここでの考察は、保養という狭い範囲にかかわる部分に留まるものであり、現実はもっと複雑であることを断っておきたい。

「分断」と向き合う

ファクトとリスクの「評価」

前節では、公害が起きると、「加害と被害をめぐる意見の不一致・対立」によって、地域の中で「分断」が起きることを示した。そのうえで、原発事故特有の問題として、何が「事実」か、何が「科学的判断」なのかをめぐる分断が生じたことについて考えていこう。

郡山市に住む渡辺律子さん（仮名・四〇代）が、「保養」情報の載った冊子を偶然見つけたのは二〇一一年六月、いつも通り町を歩いているときのことだった。渡辺さんは事故が起きてから放射能のことが気になっていた。報道で流れる政府や専門家の説明に納得できないもののの、行動に移せないというジレンマを抱えていた。当時、家の中の線量は〇・五マイクロシーベルト（平常時の一三倍程度）だった。渡辺さんはこう語る。

「保養の冊子を見つけて、こういう活動があるんだと感激しました。そのときは六日間三〇〇〇円で受け入れてくださる保養だったのですが、経済的にもありがたかったです。私自身が仕事をしていて、子どもと一緒にどこかに動くというのが難しかったので。保養での嫌な思い出はないですね。「なんで逃げないの？」といった言葉をかけてくる人もいませんでした」

渡辺さんは穏やかな語り口で優しい方だが、一本芯が通っている。不安から気持ちが乱れるということはなく、理屈を積み立ててものごとを選んでいく。それでも、二〇一一年夏まで、どうすればよいのだろうかと不安だった。震災当時、下の子は三歳、上の子は小学三年生だった。

「保養に参加してみて、みんなウェルカムといった感じで受け入れてくださったんです。子どもたちが保養先ではよく笑うんだなと気づきました。ふだんは、子どもも放射能を怖がってぴりぴりしていたし、私もあまり笑えなくなっていました。私たち夫婦は福島出身なので、こういう支援がなければなかなか別の場所に行くことは難しかったかもしれません。保養に行かなかったら、葛藤を抱えながら八年目を迎えていたかもしれません」

さて、渡辺さんの選択は、「正しい」のか、それとも「間違っている」のか、あなたはどう

「評価」するだろうか。なかには、「科学的に正しい」知識があれば、保養をするはずがないという立場の人もいるだろう。しかし果たして、第三者が渡辺さんの「選択」を「評価」することはできるのだろうか。

「ファクトチェック（真偽検証）」というジャーナリズムの技法がある。ファクトチェックの起源には諸説あるが、九〇年代からさまざまな噂や政治的言説を対象としたファクトチェックがインターネット上で行われるようになったという。[63]アメリカでは、政治にまつわるファクトチェック専門サイト「ポリティファクト」が、二〇〇九年にピューリッツァー賞を受賞した。

ファクトチェックの第一人者の一人である、トム・ローゼンスティール氏（アメリカン・プレス研究所）は、「ファクトチェックの精神とは、ニュースの消費者が、問題（イシュー）について どのように考えるかを自分自身で決められるよう、助けることであるべきである」とインタビューで答えている。それは、指を振りながら「これは正しい」「これは間違い」と言うことではない。ファクトチェックが、そのように公人の一語一語の確認をしたり焦点が狭くなったりすると、かえって説得力を持たなくなってしまう。また、「ファクトチェックをする人がそのチェックの対象として何を選ぶかには、その動機、もしくは動機と思われるものが強く反映される[64]」という。

事故後の日本のインターネット上のファクトチェック（またはそれに類する）活動は、間違った情報が広がることを食い止めるうえで大きく貢献した側面はある。その一方で、原発事故という未曽有の危機の中で、専門家が「ファクト」や「リスク」の評価のみならず、「人の選択」にまで指振りをしながら「あなたは正しく」「あなたは間違い」という形で侵入してきたケースも少なくなかったのではないか。

渡辺さんは、ファクト（事実）を知らないのではない。むしろ測定結果などをきちんと把握している。二〇一五年、二〇一七年と、下の子が通う通学路もホットスポットファインダーで測定してもらった。渡辺さんが住むのは郡山市でも地域的に高い場所で[65]、雨どいの下や側溝のところは一メートル高で毎時二マイクロシーベルト（平常時の五二程度）あるところもあった。田んぼのあぜ道も高かった。その測定結果をマップにしたものを、同じ地域の保護者たちにも見せると、

「まだこんなに高いところもあるんだ」と驚いていた。保護者たちと学校の教師と相談をして、線量が下がるまでは、保護者が車で学校送迎することに決めた。

「子どもは放射線量が高いようなところが好きなんですよね。測ってみないと分からないですし。数値で見て、私は保養に行かせたいと「選択」しています。復興を望んでいないのではないです。生まれ育ったところが自然を取り戻してほしい。ただ、今の状況で「復興」「復興」と言われるのがつらいんです」

渡辺さんは続けた。

「支援慣れをして子どもがダメになるという人もいますが、たくさんの方々との交流を通して子どもたちはすごく成長します。イメージでものを言うのではなく、具体的にちゃんと見てほしいですね。極端なものを取り上げて「保養は差別を生む」とか言うのではなく、大事なところをクローズアップしてほしいです。どうしたら問題を解決しながらみんなで良い方

向に持っていけるか一緒に考えていってほしいんです。子どもの感受性はさまざまです。事故後すぐに「二人に一人は癌になる」という資料が、学校を通して保健所から回ってきました。それを「自分は長生きできない」ととらえた子どもたちもいたんです」

渡辺さんはそっとため息をついてから言った。

「私と子どもたちは、あのとき駅のカフェで、たまたま保養情報にめぐり合って、いろんな人とつながることができて、すごく良かったんです。保養に行くか行かないかは、そんな小さな差だと思います」

渡辺さんは、むしろファクト（事実）に基づいて、家族の状況や子どもの性質に合わせて「選択」し「行動」している。それを他人に押しつけてはいない。

この七年、専門家がファクトやリスクを「評価」することと、賠償の問題や当事者の選択の尊重することが、きちんと切り分けられないまま進んできた。『ファクトチェックとは何か』（立岩陽一郎・揚井人文著）よれば、ファクトチェックの本来の理念は、非党派性、公平性を目指すものだという。原発事故にまつわるファクトチェックは、当事者の言説に対してのみではなく、影響力が大きく加害者でもある東電と国の言説に対しても行われなければならない。

『安全性の考え方』などの著書で有名な理論物理学者、武谷三男氏は「放射線被ばくは許容量がない。がまん量である」と言って、放射線被ばくに受忍義務はないものだとした。しかしこの議論を引用して、「リスクを我慢するべき」と下す専門家もいる。事故後に日本ではねじれ現象が起き、市民社会がこれまで積み重ねてきた議論や手法が、「いかにリスクを受容させるか」という目的のために使われたことが、分断の一つの要因であるのではないだろうか。

「原発事故による追加リスクをどの程度市民に受け入れさせるか」という議論は、基本的に統治者（支配しておさめる人）の目線でしか成り立たない。自分が持つ「統治者目線」を正当化するために、無理をして人文知や反差別の言説を使うと歪んだ議論になってしまう。なぜなら、人文知の本質は自分を相対化することと、権力の批判であるためだ。そうではなく、統治者の目線や都合に立つときはそのように宣言するべきである。「原発事故という災害はあまりに巨大なので、科学者・政治家（もしくは自分）の言うことを聞いてください」と明言するほうが議論に矛盾が起きない。行政や自治体の運営などにおいて、そういった視点が必要とされることはあるだろう。しかし「統治者の目線」に立つ場合は、その責任を引き受けなければならない。

私自身は、原発事故の問題について「統治者の目線」には立たないことを「選択」した。保養支援者の多くがそうであるように、被ばくリスクが確率的な問題であっても、影響を受ける可能性がある人が置かれている特定の状況、そこにおける不平等、そして社会構造や社会的責任の見地から支援を行ってきた。

実際に起きてしまった原発事故という高度に政治的な問題を、もし「民主的」に解決しようとするなら相当の労力と議論が必要だ。私自身、こちらから何かを「評価」するのではなく、出会った一人ひとりの判断、選択、行動をできる限りすべて手伝おうと試みてきたが、年々疲弊していった。七年間実行してみて、自分のスタンスはもしかしたら偽善的で無理があったかもしれないとも感じてもいる。

しかし、これ以上「分断」を起こさないためには、せめて一人ひとりの判断、選択、行動を第三者が上から「評価」したり抑圧したりすることは、少なくともやめるべきであると私は考えている。

分断の「溝」を埋める

一人ひとりの判断、選択、行動を尊重する。言葉では簡単だが、それは具体的にどういうことだろうか。保養支援者が陥りがちな問題として、被ばく回避行動をしたい人とのみ接することで、「福島の人は全員強い不安を抱えている」といったイメージを持ってしまうことがある。そうしたイメージを持つと、当事者の多様性を見落としてしまう。

これまでの保護者たちの「語り」の中でも、避難した人、保養に参加する人、帰還する人それぞれが、お互いの立場を尊重し、分断の「溝」を埋めようと懸命に努力していることが分かってきた。第3章に出てきた南会津に住む大西さんが、「自分は大自然の中でイノシシや山菜を食べながら子どもを育てたい。汚染のない生活をしたい。他の人にとっては違ったとしても、それが自分の人生の一番重要なことだ」と、七年目にして岐阜県郡上市へ区域外避難を決めた。その際に、福島県内の保養参加者や地域の人々が大西さんにかけた温かい言葉が印象的だった。そこでは、彼や家族の生き方、選択なのだから尊重しようという雰囲気があった。

こうしたら分断の溝が埋まります、という簡単な答えなどない。しかし、次の古川さんのお話を聞いたとき、私は少しずつ「溝」を埋めていく方向性を感じることができたので、ここに紹介したい。

古川達也さん（仮名・二〇代）は、子どもとかかわるのが好きな爽やかな青年だ。福島市に生まれ育ち、高校生のときに震災が起きた。

「自分は親でもないし、男だし、そんなに放射能のことは気にしていませんでした」

そんな古川さんが保養キャンプにかかわりはじめたのは、大学三年生のとき。ボランティア募集をネットで偶然に見つけたことがきっかけだった。

「自然体験活動が好きだったので、これも何かの縁かなと思って申し込みました」

初めてボランティアとして参加したときは、夜の懇談会で涙する母親たちを見て大変驚いたという。

「こんなに悩んでいる人がいるんだって驚きました。原発が近い浜通りなら分かるけど、中通りでもそうなんだと。自分はここに住んでいるし、あきらめというかあまり気にしていないようにしていたので。事故のあとの考え方は、同じ福島でも二極化しているような気もしますね。気にしても仕方ないという人と、気にする人。だから日ごろは放射能の話はしません。考えるなというのもおかしいし、考えないというのが正しいわけでもないですし」

古川さんがボランティアスタッフになったのは、エンターテイメントを重視している北陸の保養団体であった。そこでは、「心の解放」をキーワードにしており、子どもや保護者、スタッフが一緒に歌い踊る。団体のテーマソングまであるという。同時に、自然体験活動の専門家がいるので、安全管理のレベルが高い。

古川さんは二回ボランティアとして参加したあとに、働きはじめたため、今は参加が難しい。それでも、保養キャンプに寄付をすることもあった。

「遠い福島のことを思ってくれている。それだけで自分もあったかい気持ちになりました。また来たいと思ったんですよね」

震災当時、古川さんは図書館で勉強をしていた。大学入試を翌日に控えていた。いつもの地震じゃないと気づき、すぐ外に出たが、瓦が落ちてきて電線は揺れ「死ぬんじゃないか」と思った。

「事故直後は水くみに行っていましたし、母校にもボランティアに行っていました。そのとき外に出ていた自分もいます。テレビで原発事故関連のニュースが流れましたが、放射能は見えないし分かりづらかったです」

「保養に参加して嫌なことはありませんでしたか」という質問に対してはこう返ってきた。

「なかったですね。逆に、なんで福島のことをここまで考えてくれてるんだろうと不思議でした。ありがたいなとも思いました。保養キャンプは、自分たちでやるのは難しいですしね。子どもも解放されて自然の中で楽しんでいました」

古川さんは他人の考えを尊重するよう日ごろから気をつけているという。大学で教育学を学んだ中で、お互いの意見を尊重することが大事だと知った。事故後、「他人の考えを尊重する」ということの大変さを実感し、また同時に深い部分で理解できるようになった。

「自分も住まなきゃいけないし、相手も住んでるし、お互い言い合っても意味がない。言い合ったからって放射線量が下がるわけでもないですし。一人ひとりの意見が違っていい。お互い無理せず生活する方法を考えていくしかないです。保養に行く親は、保養に行かない親に迷惑をかけていないですし、何の侵害もしていないと思います。もし「保養に行くのが偉いんだ」と他の人に圧力をかけていたら問題ですけど、僕が出会った保養に参加する人たちはそうではなかったです。自分が生きやすくするために、保養という機会を選んでいるようでした。事故について話せないことがつらい、と言っていました。普通に話せたらいいんだけど、って」

保養にかかわっていると、どうしても聞く「語り」が偏ってしまう傾向がある。参加者さんたちは「一人ひとり考えが違います」と前置きをしているのだが、その地域に住んでいない受け手はなかなか多様性を想像することが難しい。古川さんのように、偶然保養にかかわり、そのうえで分断の溝を埋めていく方向を示してくれるお話は貴重だった。教育を志す若者の言葉から、「違いを尊重すること」の重要性と難しさが見えてきただろうか。

一方で、「分断」を考えるうえで忘れてならないのは、「疎外感」というキーワードである。自分と違う意見が社会に存在すると、自分が責められているように感じる。自分が多数者であるはずなのに、少数者のように感じることもある。一度だけ、保養に反対する福島の保護者の方からメールが届いたことがあった。そこにはこう書いてあった。

「自分たちばかり得をしている人たちが許せない」

民間のボランタリーな活動のため受け入れ人数に限界はあるが、保養自体は誰でも参加できる。なぜ他人の行動に怒るのか、私は最初分からなかった。メールを返すと、その後何通かメールのやりとりをすることになった。保養について議論していく中で最終的に出てきたのはこの言葉だった。

「私だってこんなに我慢してるのに」

震災から七年、その人も一人でたくさんつらい思いをしてきたのだと感じた。そういう「疎外感」にも配慮をしつつ、少しずつ「分断」を助長させないための支援をつくっていくしかないのではないだろうか。

差別

「不当に」健康被害を受けない権利

事故直後から、当事者のニーズに対応しリスクを避けるための支援をするとき、私たちは「不当に健康被害を受けない権利」という言葉を使ってきた。そうした慎重な言葉づかいをしてきたのは、被ばくをめぐる議論がしばしば「奇形」といった差別的な言葉につながるためだ。

二〇一一年、土壌汚染の測定を行っている方が「不当に健康被害を受けない権利」というキーワードを私に教えてくれた。その方は先天性の障害のあるお子さんを持つ親でもある。障害を持つ人々は太古の昔から一定数生まれる。障害や病気が恐ろしいものなのではなく、原発事故由来であるという「不当な原因」であれば問題である、とその方は言った。事故直後は、現在よりさらにリスクが不確定だったため、予防的に「不当に健康被害を受けない権利」を掲げる必要があったと私は考えている。

ここでは、「不当に」健康被害を受けない、「不当に」リスクを押しつけられないための一つの予防的措置として、保養を取りあつかう。

「風評被害」の使用法について

原発事故後の「差別」について考えるとき、まず考えなければならないのは、「風評被害」という言葉の使用法についてである。「風評被害」とは、文部科学省の原子力損害賠償紛争審査会の定義[66]では、「報道等により広く知らされた事実によって、商品又はサービスに関する放射性物質による汚染の危険性を懸念した消費者または取引先により当該商品又はサービスの買い控え、取引停止等をされたために生じた被害を意味するものとする」とある。備考には、こういった記述がある。

いわゆる風評被害という表現は、人によって様々な意味に解釈されており、放射性物質等による危険が全くないのに消費者や取引先が危険性を心配して商品やサービスの購入・取引を回避する不安心理に起因する損害という意味で使われることもある。しかしながら、少なくとも本件事故のような原子力事故に関していえば、むしろ必ずしも科学的に明確でない放射性物質による汚染の危険を回避するための市場の拒絶反応によるものと考えるべきであり、したがって、このような回避行動が合理的といえる場合には、賠償の対象となる。このような理解をするならば、そもそも風評被害という表現自体を避けることが本来望ましいが、現時点でこれに代わる適切な表現は、裁判実務上もいまだ示されていない。

私が最初に「風評被害」という用語への違和感を持ったのは、「風評被害を起こすから除染するな」という言説だった。それにより世帯主が住宅除染を断ったケースに複数遭遇したことがある。

次に、二〇一二年に福島県内で、弁護士の方の協力による無料法律相談会を開催していたときも、くりかえし「風評被害」の問題に出くわした。一つ紹介しよう。中通りの生産者が、風評被害を懸念して、田んぼの作付けを控えたケースで東電に問い合わせた。そのときに東電から「周りは作付けをしているのに、個人が勝手に作付けしなかった」と言われた。原子力賠償審査会の中間指針では、風評被害で自ら作付けを控えた場合について、「やむを得ない理由」があれば補償の対象にしていた。そのとき相談を受けた弁護士の方によると、「やむを得ない理由がある」と考えられ、賠償請求が認められるべきだとのことだった。このように、東電側は「風評被害」に入らないとして賠償から排除する姿勢があった。しかし五年を過ぎたころから、東電側は風評被害の収束を主張し、営業損害賠償に応じない姿勢を示すといったケースも増えつつある[67]。

第2章の保護者のインタビューで、「風評被害が怖かった」という言葉が出てくるが、これは自分が線量の低いところへ移動することで風評被害を起こすことが怖かったという意味ではない。移動することで「人への風評被害」つまり「差別」されるのが怖かったという意味で使われている。事故から数年経ったあたりから、それまで経済的損害として語られてきた「風評被害」が人間への「差別」の意味に広がってきた。これは福島の人々やこの問題にかかわっている人々以外には分かりにくい「風評被害」の使用法であると言える。差別という言葉のインパクトを避けるためか、人への風評被害という表現がしばしば行われる。保養に参加する保護者で、復興や風評被害という言葉を聞くと、体が固まってしまうという意見も少なくない。復興を邪魔してはいけない、経済的にも人的にも風評被害を起こしてはいけないという圧力の中で、自分が何を語って良くて何を語ってはいけないのか分からなくなるのだという。

当団体がバッシングを受けたあとの二〇一七年冬、福島の避難区域に隣接する自治体でタクシーに乗っていたとき、運転手さんと意気投合したことがあった。自分が行っているボランティアについて説明し、「保養という活動が風評被害につながるでしょうか」と尋ねてみた。そして「風評被害は最近どうですか」と質問したときに、タクシーの運転手さんから出てきた言葉をそのまま記述したい。

「風評被害、風評被害って言ってるけどよ、避難した村に帰りたくない奴らは、町の生活に慣れちまったんだ」

私は彼の言ったことの意味をつかめなかったので「ここでいう風評被害とは何を指すのですか」と聞き返した。話を整理していくと、彼は「放射線の影響への不安や懸念」や「放射線が怖い」といった、本来はその言葉が意味しないかなり広い意味を「風評被害」という単語で表していたのであった。

「最初は「農作物や観光産業」への風評被害で、そのあと「人」への風評被害で、いまは「放射線」への風評被害ってなってるんだよ」と語った中通りのお母さんもいた。「被ばく」という言葉そのものを使いにくい中で、メディアに登場する「風評被害」が、代わりの言葉として原発事故の負の部分すべてを表すものとして使われているのではないか。負の部分を「風評被害」、正の部分を「復興」として、用語が二極化されつつあるのかもしれない。現地の方が、「困っているのは風評被害」というお話をしているときも、どのような意味で使われているかに注意しなければならない。

そして、「風評被害」という用語の濫用は、むしろ経済的被害としての本来の「風評被害」問題の解決を遅くするのではないだろうか。

二〇一七年、ある科学者の方から、「原発事故後は、中身を吟味しない「お守り言葉」の濫用が見られる」と指摘されたことがあった。

言葉のお守り的使用法とは、意味がよく分からずに言葉を使う習慣の一つの種類であり、お守りと同じように、この言葉さえ身につけておけば、自分に害を加えようとする人々から自分を守ることができるというものである。お守り言葉は、この社会で自分に振りかかる災難をまぬがれることができるという安心感を与える。

鶴見俊輔氏が一九四六年に発表した「言葉のお守り的使用法について」では、お守り的に使われる言葉の例として、「国体」「日本的」「皇道」などを挙げられている。戦前から戦中にかけて、それらがとくに自分の社会的、政治的立場を守るために、自分の上にかぶせたり、自分のする仕事の上にかぶせたりされたと考察されている。また同時に、戦後そのようなお守り言葉に代わって、アメリカから輸入された「民主」「自由」「デモクラシー」などの言葉が、内容がともなわない形で「お守り言葉」として盛んに使われるようになったことも指摘している。

たとえば事故後に「風評被害」という言葉が、定義が曖昧なまま「実害」に対しても使用され、一種のお守り言葉として使われる場面があった。同時に「保養」もまた、万能なお守り言葉として使われうる。保養にはさまざまな限界があるにもかかわらず、それ以外には当事者の状況やニーズに合うものがないというのが、保養の現実である。とにかく保養さえすれば、何もかもが解決するというようなものではない。もしかしたら人間は、自分の使っているお守り言葉には気づきにくく、自分と立場が違う（もしくは反対に見える）人のお守り言葉には敏感に反応して嫌悪感を抱くという傾向があるのではないか。きちんと中身や意味を吟味して、正確な用法で言葉を用いていくことが重要である。

日本は市場経済を基本とした資本主義社会である。福島第一原発事故は、資本主義社会で起きた初めての大規模原発事故でもある。日本の原子力産業の企業で構成する業界団体である、一般社団法人日本原子力産業協会が、「ベラルーシ・ウクライナにおけるチェルノブイリ事故後の復興状況調査結果について」（二〇一二年二月）という報告書[68]に、ベラルーシ・ウクライナ（チェルノブイリ）と日本（福島）の主な違いをまとめている。その中の「社会・風土」には下記のようにあった。

ベラルーシ・ウクライナ（チェルノブイリ）	日本（福島）

①中央集権的な社会主義国（事故当時）　⇕　地方自治制度の民主主義国家
②ソ連崩壊（一九九一年）前後の混乱・経済低迷⇕　GDP世界三位
③平坦な国土、人口密度低、土地は国有　⇕　七割が山地、人口密度高、土地は私有

私はこの報告を最初に見たとき、なぜ土地が国有か私有かという土地所有制度が重要なのかが分からなかった。ソ連は社会主義だったので土地は「国有」であり、土地を持っている住民はいなかった。そのため、賠償は発生しなかった。一方、日本は土地や不動産が「私有」であり賠償が必要である。ベラルーシ・ウクライナ（チェルノブイリ）と日本（福島）の比較から、この報告書では事故が純粋な科学の問題としてではなく、社会政策の問題としてとらえられていることが分かる。国策として進めてきたものをどう賠償するか。それは社会がどのような社会体制であるかも深く関係するのである。

チェルノブイリ事故で最も汚染が深刻だったベラルーシのルカシェンコ政権のモットーは「社会的志向の市場経済」である。無条件な市場経済化は拒み、段階を追って、選択的に市場原理を導入するものである。経済の七〇～八〇％は国営セクターであり、ソ連時代の国営企業もそのままに残っている。ベラルーシの農業の経営形態も社会主義の名残りが強く、国の支援や補助金によって支えられている。個人農の規模はきわめて小さく、一般市民による家庭菜園などでの生産のほうが規模的に大きい[69]。ベラルーシで内部被ばくが深刻だったこともこのような自家栽培が多いこととの関係が深く、今回、福島やその周辺で個人農が苦しめられたことも日本が市場経済だったことが関係するといえる。

保養団体や保養参加者によっても、「生産者」との向き合い方はさまざまだ。東京都あきる野市で保養を主催している和田安希代さん（六〇代）にお話を聞いた。和田さんは、「安全な食」をテーマに、生活クラブ生協で生産者とともに活動をしてきた。チェルノブイリ事故後は勉強会を行い、日本での事故のあとも「知る」ことを重視してきた。

「福島県内にある有機農家さんが、（農産物を）すべて測定して値も公表しているんで、それを毎月取り寄せて食べています。そこは地形的に土壌汚染が低いところだったそうです。その生産者の方たちは、汚染の数値を出して選んでもらうことの他に、電力も自分たちでつくっていく取り組みをしている。私はその姿勢に共感しました。私はすでに子育ても終わっているし、数値を見ながら「これくらいなら許容範囲だろう」と選んでいます。実際に生産者の努力の結果、しいたけなど関東のものより低いものも多いですし。それに、東京に住む自分は、電気を使ってきた側だという気持ちは強くあります。私は生産者とともに活動してきたので、生産者の方たちが「ここが自分の土地だ。ここで生きたい」という思いがすぐに分かる。東京で電気を使っていたからには、自分もリスクを引き受けるという感覚ですね。子どもたちには、なるべく放射能汚染がないものを食べてほしいけど」

「それは、食べて応援という気持ちですか」という私の質問に対して、和田さんはこう答えた。

「広告代理店が行う「食べて応援」ってキャンペーンとは違うと思っています。私は従順に「国の基準を受け入れる」と思っているわけではありません。無根拠に「大丈夫ですよ」、というものに乗っかるわけでもない。そこには事故の影響を白く塗りつぶしてクリーンにしていこうという嘘臭さを感じます。だけど私は、顔が見える関係で、生産者の人たちと一緒にやっていきたいと思う。私たちはこれまで「商品」という言葉を使わないで「消費材」と呼んできました。買わされているんじゃない、自分たちが消費する主体だという強い思いがあります。子どもの安全のために交渉してきた身として感じるのは、行政の姿勢が変わるのには時間がかかるということです。だけど目の前の子どもはあっという間に成長してしまって間に合わない。だから自分でやれることはやる。保養に来るお母さんたちもそういう方々が多いです。保養を主催しているのも「子どものリスクを減らしたい」という保護者さんたちの「主体」としての思いを手助けしたいからです」

「リスクはゼロだから受け入れろ」ではなく、わずかながらでもあるリスクをどうやって社会の中で考えていくか。日本のような市場経済の国では、もしリスクの分配が難しいのであれば、被害を受けた事業者に対してどうやって賠償するかが重要である[70]。同時に、自尊心を持って自律的に生きたいという生産者の方々の気持ちも尊重しなければならない。

ここから本書では、「風評被害」という用語を「根拠のない憶測や噂で生じた経済的損害」という本来の意味に絞り、人に対する攻撃は「差別」という言葉を使い考察していく。

ヘイト・スピーチ

二〇一二年、「外遊びが十分にできない子どもたちのために」とメッセージを書いた保養チラシに対して、福島県外者から「福島が危険だという偏見に基づくヘイト・スピーチだ」という抗議があった。その当時は、実際に外遊び制限をせざるを得ない保護者たちや幼稚園、保育園も存在したので、ヘイト・スピーチという言葉に驚いて頭を悩ませたのを覚えている。

表現の自由や議論は重要であるが、憎悪を助長するような表現（ヘイト・スピーチ）は間違っている。では、そもそもヘイト・スピーチとは何だろうか。保養や支援がそうした表現に加担しないためにはどうしたらいいだろうか。

二〇一二年ごろから、日本でも広く知られるようになった「ヘイト・スピーチ」。師岡康子『ヘイト・スピーチとは何か』によれば、「ヘイト・スピーチ」とは、ヘイト・クライムという用語とともに一九八〇年代のアメリカで広がった。それは単なる憎悪をあらわす表現や、相手を非難する言葉一般ではない。人種、民族、性などの「マイノリティ（少数者）に対する差別に基づく攻撃」を指す。師岡は、マイノリティの定義に関しては、「「非支配的立場」にいることが最も重要であるとしている。そして「マイノリティを沈黙させ、社会から排除することを防ぐため」のヘイト・スピーチ規制が、「マイノリティによる表現活動を抑圧する」ことは本末転倒であるため、権力が濫用を防止することが必要であるとしている。

まず確認すべきは、保養支援者が用いた言葉が、非支配的立場にいる人たちを排除するものになっているかという点である。そうすると、「誰が権力を持っているのか」「誰がマジョリティなのか」という点に注意しなければならない。おそらく支援者は被支援者に対して権力を持っている。しかし、国や東電など加害企業に比べれば権力を持っていない。また、この社会でマジョリティは誰なのかと考えてみると、汚染地域は日本全体の一部であり、非汚染地域に住む人々のほうがこの問題に関してはマジョリティだと言ってよいだろう。同時に、四日市ぜんそくのところで考察したように、地域の中でより弱い立場にいる人は子どもや母親ではないだろうか。そのニーズに応じて行う支援を、ヘイト・スピーチや差別扇動そのものと定義づけることは少々無理があるのではないだろうか。

一方で、ネットなどで散見される憎悪扇動のような表現もある。私は、中通りや浜通りの保養参加者たちと、どんな表現であれば嫌ではないかを話し合ったことがある。そのときに出てきた、許容できるものは下記二つであった。①科学的議論、②事実に基づいて、「状況」に疑問を表すもの。①はたとえば小児甲状腺がんは増えているのかどうかについて、スクリーニング効果の有無や統計を用いた議論などである。②は、自然体験活動が減った、ストレスを感じている人もいるなどの「状況」に疑問を表すものである。一方で、保養参加者たちが「傷つくもの」としては、①見下した表現と、②「人」に対する攻撃が挙げられた。これまでのインタビューでも「この保養ではかわいそうな人々として扱われないからよい」という言葉がくりかえし出てきた。また、「福島の子どもは〜である」といった「人」に対するマイナスの決めつけも、傷つける原因となりやすい。しかし、「原発事故後に権利の侵害がある」と提起すること自体を「ヘイト・スピーチ」として抑圧していくことは避けなければならない。

ここまで、「風評被害」という言葉と「差別」という言葉を切り分けて、「風評被害」は経済損害にのみ使うべきではないかという姿勢を示した。次に、ヘイト・スピーチとは、マイノリティを沈黙させ、社会から排除する「人」に対する攻撃であり、社会の「状況」に疑問を表すことを抑圧するものではないことを確認した。

事故後の差別の問題については、「すでにある差別」と「差別が起きるのではないかという予期不安」があると私は考えている。そこで、次項からは、「すでにある差別」として、避難者（移動した人々）と、ジェンダーの視点から見ていく。そして最後に、「差別が起きることへの予期不安」としてリプロダクティブ・ヘルス／ライツの視点から考察する。

避難者——移動した人々

二〇一六年一一月、神奈川県横浜市の中学一年生（区域外から原発避難）が市立小学校でいじめを受けていたことが記者会見で明らかになり、手記が話題となった。「ほうしゃのう」と呼ばれてからかわれるといったいじめについては、私も避難者の方々からも、ときおり聞いたことがあった。このニュースでは横浜市の対応が問題となった。

同時にそのころを境に、「保養はいじめを生む」といった批判も起きはじめた。それまでの「人への風評被害」といった曖昧な言葉の用法から、「被ばく回避の支援活動が誤った知識を広め、それがいじめにつながっている」と言説が変化しているのが見てとれた。被ばく回避するために避難した方々が受けたいじめの原因を、被ばく回避支援それ自体と結びつけることには強い違和感はある。しかしながら、私は避難者いじめの問題を「すでに起きた差別」として改めて考える必要を感じた。これまでも、避難した方々のお話をまじえながら議論を進めてきたが、ここではとくに国に指定された地域から避難した二人の方のお話をもとにこの問題を考えていく。

二〇一七年一一月、私は雪が舞い散る旧避難区域をとぼとぼと歩いていた。待ち合わせの時間を間違えて二時間早く着いてしまい、入るコンビニや屋根もない中で立ち往生していた。

右手には、中間貯蔵庫に運ばれる途中のフレコンバッグがならんでおり、人は歩いていない。

「どこさ行く?」

庭先からそう話しかけてくれたのは、半谷千恵子さん(七〇代・仮名)だった。私はまず、自分がしているボランティアについて説明をした。庭の草を持ったまま、半谷さんは、こう言った。

「うちの孫も事故のあといろんなキャンプにお世話になった。今はもう一緒に住んでねえけどな」

二〇一六年に避難指定が解除された地域に住む半谷さんは、震災前は娘と小学一年生の孫と一緒に三世代で住んでいた。帰還してからは、大きな一軒家に一人で住んでいる。

「原発はおっかねえな」

話していると、半谷さんはぽつりと言った。

「原発はおっかね。だって町がなくなっちまうんだもの」

私が返答に困っていると、「寒いからおいでおいで」と言って家の中に招き入れてくれた。こたつに入りながら女ふたりで不思議な時間を過ごした。そのとき自分が悩んでいたことも率直に聞いてみた。

「保養キャンプっていう活動が風評被害につながるって言われて……。風評被害はどうですか」

半谷さんはじっと考えながらゆっくりと語った。

「風評被害はな、あるな。おらの息子も仮設住宅で車を停めてたら傷つけられた。なんだべなあ。野菜もつくれないし避難していたときは何もすることなくて、公園でおしゃべりしてたら「お金もらってあそんでる」と言われたから、夜に散歩するようになったなあ。仮設や電柱に「出ていけ」って貼られたり。引っ越した先にタオルを配ったら、翌日玄関先にタオルが返してあったってなあ。避難者が住んでたあとにアパート借りる人なんていないって中通りで言われた人たちもいでさ。何もしないで一戸建て［復興住宅］をもらったって嫉妬もあったんかなあ。同じ部落でも賠償で線引きされたところもあるからね。それに合わせて集会所の中でも避難者が分かれてた。「分断」というのかな、そういうのはあるね。思いきって会津の避難所に行った人たちは、優しくしてもらえて良かったなんつう話もあったな。会津は津波の被災者も原発避難者もいないから」

　私は農作物や観光への影響のお話を聞きたくて質問したのだが、半谷さんは前述した通り「差別的行為」についての話を教えてくれた。私が驚いたのは、半谷さんが話していたのが福島県内の隣接した自治体に避難したというケースだったからだ。それまで、保養参加者の方たちから「事故直後に福島県から出たら車を傷つけられた」といった話は聞いていたが、福島県内でのいじめについてはきちんと聞いたことがなかった。

「そんなことがあっと、避難所の中で仲良くならないとやっていけないからね。解除されて、自分だけが町［避難先］に残されるのがいやで戻ってきたんだ。高齢者は帰ってきても地獄、町に残ってても地獄だって言ってたんだよ。私は七〇代だけどここらじゃ若いほう。でも、子どもがいないと未来がねえべ。子どもがいない町は寂しいよお」

　おせんべいやミカンをいただきながら、「では、やはり避難しないほうが良かったですか」と私は尋ねた。近年、国による「強制」避難そのものが間違いだったという議論が力を持ちつつあるからだ。半谷さんは驚いたような顔をして首をふった。

「いやー、あのままより子どもは避難したほうがよかったよお。私だって放射能の検査を受けないと避難所に入れなかったんだけど、足の裏を測ったら引っかかって。あのときみぞれが降ったなか歩いてたからなあ。検査の人が「これくらいなら大丈夫だ」って入れてくれたんだけど。避難しないでいたらどうなったんだべなと思う。むずかしいけんど、やっぱ避難して正解だったと思うな」

復興について聞いてみると、半谷さんはこう語った。

「よく分かんねえけど、復興は進んではいんべな。イベントで外の人たちが来てくれると嬉しいもんだしな。線量は下がっているんだろうけど、除染で出た廃棄物が道路の周りにばんばんあって、それだけで気がめいるもんなあ。原発っていうか、放射能はばけものだと思ったよ。放射能はおっかね。こういう目に遭ってみないと分かんないべなあ。野菜はつくったとしても孫には食べさせねえな。男の人より女の人のほうが気い遣うわな。それに震災前には野菜だって買って食べることなんてなかったのに。買うと小さいキャベツが二〇〇円とかするね。不便だなあ。仮設にいるときに、放射能の講演会に行ったりもしたんだ。「プルトニウムは重いから遠くまでは飛ばない」って言われたけども、ここは近いからあるんでねえかって思うよな。モニタリングポストもぜんぶ測れてるわけではないからな。分かんないからどうなんだべと思う。よく分かんないから余計しんどいな。放射能に色がついてたらよかったのにな。孫たちにここに帰ってこいとは言えねえ。復興ってなんだべな。良いことだと思ってやっててもイロイロあるべな。これからどうなっていくんだろなあ」

半谷さんは優しい表情でとつとつと話してくれて、最後に私にあったかいラーメンをご馳走してくださり、「若い人がいるといいべな。話ができると気持ちが晴れるな」と言ってくださった。

二〇一七年一二月、避難指示が解除された葛尾村[71]で、松本操さん（男性・六八歳）にお話を伺った。松本さんは事故前から地域の中で人望の厚い方だった。仮設住宅で暮らす間も、避難した地域の仲間たちを盛り上げてきた。

「避難先では何にもできない。いつ帰られるかも分からねえ、農業やれるわけでもねえ。とにかくみんなが落ち込むのを防ぐために、仮設では何でもやったな」

避難する前はとても立派な一軒家に四世代九人で住んでいた。現在は一人でそこにいる。

「避難している間に生活も変わっちまったしな。家族はバラバラ。寂しくていられねえな。それでも避難は当然だ。法律で決まってんだから。いまは年二〇ミリシーベルトになってしまってるけど、もともとは年一ミリシーベルトが基準なんだ。おれらは事故前から避難訓練してたんだから」

松本さんは原発立地自治体には住んだことはないが、地域を守る専門職についていた関係で、原発に関する情報にも詳しい。いくつかの原発関連施設を視察した経験もある。一〇〇億円以上かけたＳＰＥＥＤＩが存在することも知っていて、「国がパニックになったんかもしれんがね。利用できなかったんだから」と感想を漏らした。綺麗な畳の応接間で、大福を食べながら松本さんは続けた。

「差別はあるな。風評被害もある。県内でも嫌がらせはある。賠償の線引きが地域性を考えてねえから、隣接してるところに住んでる人はかわいそうだな。だけども、原発は国が政策としてやってきたことだからなあ」

松本さんは事故以前、地域のみんなで子どもを育てることにも力を入れていた。教師とも酒を酌み交わし、地域の人を巻き込んで学校を盛り上げていた。

「県外に避難した子どものいじめも、避難者が大勢だったら起きないんだ。一人だから目立っちまう。子どもは弱いもんや違うもんを探すからなあ。放射線教育だけでいじめがなくなるっていうことはねえんでねえの。先生や地域の大人たちがしっかりと現状を認識して、「こういう状況で苦労した子どもが来たんだが、みんなでちゃんと受け入れよう」ってするほうが逆にいじめは起きねえかもな。あいつをかばってやっぺって。国の、公の問題なんだから、避難の事情をきちっと共有させておけば、いじめはそんなに起きないよ。避難することが悪いことみたいに、隠し隠しやってるから「こうだっけ」「ああだっけ」ってなるんでねえの」

松本さんの言葉を聞いて、「避難することが悪いことみたいに隠し隠しやってる」という状況が、自分にとっても当たり前のことになっていたことに気づいた。

「復興なんてありえないよ。だって原発被災地はもとに戻んないんだもの。地震だけならば復興できるけど。人も家族も戻んないんだもの。だってなあ、孫がじーちゃん、じーちゃんってまとわりついてたんだよ。一緒にまき割りしたら「ぼくがやっから」って言ってくれてたんだよなあ。戻ってる人が二〇%を切ってて、復興って言われてもぴんとこねえ。いくらものを建てたって、放射能だけじゃなくてもとには戻らないよ。交流も途絶えちゃったんだ。事故さえなけりゃこんなことはねかったんだ」

外はすでに暗くなりつつあった。最後に松本さんは力強い教育哲学を込めて、こう締めた。

「本音と建前は誰でも使うんだ。誰にだって必ずある。でも子どもたちは人とのかかわりの中で、「いじめはしちゃいけねえ」って学ぶんだ。子どもが本音でしゃべられる環境をつくんなきゃだめだな。親とか関係者が建前ばっかり言ってるからいけねえんだ。おれたちもそう思って、何十年もかけて、地域や学校を育ててきたんだ。大人に優しくしてもらった子どもは「あんな風になりたい」「自分もこうしてあげたい」ってなってくんだよ、放射能怖い人ってのも正しいんだよ、だって閉じ込めて距離を取るのが被ばくを抑える基本だって、事故前からおれらは知ってたんだから。いろんな考え、いろんな立場を認めて、それを超えていかないと本当の復興にはなんねえ」

二人のお話を伺うまで、私は「いじめ」や「差別」の問題は福島県の「内」と「外」の問題だと理解していた。しかし、実際は福島県内でも避難者への「いじめ」や「差別」は起きていた。それは心が狭い人々が多いというのではなく、「避難する」つまり「人が移動する」ということにともなう、受け入れ先の無理解が原因の一つでもあった。

原発は国が政策としてやってきたことだから、という松本さんの言葉は正しい。「避難」という「人の移動」もまた、国策の結果として起きたことだった。現在、住宅支援打ち切りといった政策の結果として帰還した人々の中にも、「あのとき逃げた人」と思われているのではないかと悩んでいる方もいる。

ここで、第5章にて保養支援者から「人の移動」についての話が多く出てきたということが思い出される。天明の飢饉後の北陸から相馬中村藩への移民の際、農民は当時幕府により移動を制限されていたので、危険を冒す場面もあった。会津藩は明治政府の命により北海道へ開拓移住した。長野では、国策として満州へ開拓移住した人々の話とそこから生まれた教訓の語りが出てきた。前述の葛尾村も、満州から引き揚げ後に再入植した方が多い地域だ。

第1章で「除染では当たり前のことなのに、人そのものが移動しようとすると「追加被ばくを気にしすぎるな」と圧力をかけられてしまうことが、この七年間いく度もくりかえされてきた」と素朴な疑問を書いた。しかし、長い歴史の中で考えたとき、「人の移動」とは、社会政策に大きく左右される非常に重いものなのである。高度経済成長期には、国策で人口が都市に集められた（後述）。しかし八〇年代以降の日本では、人の移動は少なくなっていた。九〇年代後半からは、現実の人の移動より、インターネットによる「その地域から動かないまま、他の地域の人と交流する」ことが広がりはじめたといえるだろう。[72]そういった歴史背景の中で、事故後に人の移動が起きた。

避難者の方がお話会などで自己紹介をするときに、名前の下に「福島→京都」と自分がどこからどこに避難したかを示すことは、事故後しばしば見られる光景だ。それに影響を受けてか、山形に保養する人が「福島↕山形」と自分を示したのも見たことがある。保養を「国の方針に従わない形での「人の移動」」とみなし、居心地の悪さを感じる人が存在するのも、ある程度仕方のないことなのかもしれない。

他方で、「移動した人々」がいつも受け入れ先で迫害されてきたわけではない。仮設住宅を訪れた学生ボランティアや地域の人と親しくなった避難者の方、避難先から戻ったときに友人が優しく迎えてくれた帰還者の方も、私は複数知っている。保養もまた、一時的に移動してきた人々を受け入れ先が理解して歓迎する行為だと私は考えている。より良い保養のあり方が実現すれば、むしろ保養を通していじめや差別を予防していけるのではないだろうか。

ジェンダー

　ここでは、すでにある差別として「ジェンダー」を取り上げる。社会的、文化的性別を表すこの言葉に、もしかしたら女性でも抵抗感を持つ方がいるのではないだろうか。

　確かなのは、私が七年間保養等の支援をしてきた中で、相談者の九割以上が女性だったことである。そして追加被ばくに不安を持ち相談してくる人のほとんどが母親[73]だった。これがどういうことなのか考えていきたい。

　和田あかねさん（仮名）は、福島県の中通りに住む三〇代の主婦である。原発事故当時、子どもが幼稚園児であったこともあり、最大限防護をしたいと考えていた。初めて会ったとき、和田さんはお話会の隅に座っているだけで、積極的に発言をしなかった。心なしか悲しそうな表情をしていたことを覚えている。

「うちは除染できなかったから」

　和田さんは、最後のほうにぽつりと言った。その自治体では、すでに住宅除染が進んでいた時期だった。聞くと、舅が自治体の住宅除染を断ってしまったということだった。

　和田さん以外にも、舅や夫が「一〇〇ミリシーベルトまでは安全だから」と住宅除染を断ったケースはあった。あるお母さんは、隠れて自分で除染をしようとしていた。私自身も、一度だけ舅がいないときに手伝いに行ったことがあった。その方は当時、年配の男性による除染ボランティアともつながりがあったが、「近所の目があるので友達のような感じで来てくれる女性がいい」とのことだった。雨どいの下など線量が高いところを見つけては、掃除をする。しかし、素人の個人が隠れてできることには限界があった。こういったケースでは、短期間保養に行くことも難しい。経済的にも義実家と一体化しており、「舅の言うことなど聞かなければよい」という簡単な問題ではなかった。

被ばく防護をしようとする母親（女性）の「無知」は細かく指摘され問題視されてきたのに、このように、防護をしようとしない夫や舅（男性）の「無知」は問題視されない場面に何度も出会ったことがある。

栃木県住民や福島からの避難者の聞き取り調査を行ってきた、清水奈名子准教授（宇都宮大学）にお話を聞いた。これまで清水准教授は、調査を行うだけではなく母親たちの相談にも親身に乗ってきた。

「お母さんが学校や市役所に話をしにいくと「女のヒステリー」として扱われるのに、夫を連れていくと対応が変わり、上の人が出てくるといったケースもよく見られました。この問題は、ジェンダーの問題と深くかかわっています」

清水准教授は、「意思決定とジェンダー不平等——福島原発事故後の「再建」過程における課題」（二〇一五年）において、被災者の中でも、とくに女性たちの不安やニーズが十分に考慮されていない問題を考察している。そして、女性のニーズに注目すべき理由を二点挙げている。第一の理由は、家事・育児など、ケア労働の主な担い手が女性であることである。

同論文によると、配偶者を持つ男女の「家事労働」における行動の割合は、女性を一として男性と比較すると、男性は〇・一五。「育児」は女性を一とすると男性は〇・四六となっている。また、配偶者や親世代、祖父母世代と子育て世代の放射線被ばくに関するリスク認識が異なっていることも指摘している。

清水准教授は、第二の理由として、意思決定の過程において女性の参画率が非常に低いこと、日本の政治や行政全般にかかわる構造的問題ゆえに、女性の声を意思決定に反映できないということを考察している。二〇一五年にこの論文が書かれた時点で、日本の女性議員の割合は、衆議院が九・五%、参議院が一五・七%である。また、福島県内の県議会議員の女性の割合は一四・〇%、市区議会議員は九・四%、地方公務員管理職は四・九%、自治会長は二・六%と低い。二〇一八年一月現在も、福島県知事を含めた市町村長ら首長はすべて男性で占められている。

同論文は、最も子どもの防護とかかわりのあるはずの母親たちの声が考慮されず、制度に反映されない現状を明らかにした。清水准教授の考察によって、自分が置かれた立場を客観的に知り、なぜ自分が苦しいのか分かったという母親たちも少なくない。

「女性の地位が低いって言うけど、女が財布と胃袋を握って、どこもかかあ天下じゃないか」福島の中通りの男性から、そんなふうに反論されたことがある。たしかに女性が家計全体を管理するというのは、他の文化圏でもスタンダードというわけではない。しかし経済的に男性がメインの稼ぎ手で、女性が家計を管理していたとして、どちらが「力」を持っていると考えられるだろうか。私は、根本的な「お金」を握っているほうに、力が偏りやすいと考えている。
「優しい専制君主」という考えがある。ふだんは国民に優しい君主が、いざという時には権力を使って国民を迫害することを表す。この話の要点は、「力を行使するかしないか決められるほう」が権力を持っているということである。このような迫害が生じえないようにするためには、ただ偶然君主が温厚であるというだけでは十分ではない。なぜなら、それではいざ君主の考えが変わってしまったときのための歯止めがないからだ。君主と臣民という不平等な権力関係そのものをなくすことが必要である。家族の中に、もともとあった「力の不均衡」。ふだんは見えなかった不均衡が、緊急時にはっきりと現れた家庭も少なくなかったのではないだろうか。原発事故だけではなく、自然災害時においても、女性のほうが男性より犠牲者が出やすく、女性の地位が高い社会ほどその男女差が小さい傾向があると言われている。[74]
　私が相談を受けた中でも、深刻なケースを紹介する。Bさんは福島県内の小さな村の農家に「嫁」に来た外国出身者だった。二回り近く年上の夫との間に力の差はありながらも、出身国での暮らしに比べて豊かな生活に満足していた。しかしBさんの生活は、原発事故で一変する。震災当時妊娠中だったBさんに対して、出身国の家族や政府から一時避難するように働きかけがあった。義実家の反対をふり切って、彼女は一時帰国する。そして、出産した半年後に日本に戻ってきた。
「山から引いた水を飲みたくない」と言ったときから、夫の暴力が始まった。逃げたことをなじられ、被ばく回避行動を取ろうとすると「風評被害を起こす気か」と殴られた。Bさんは日本語を話せるが、読むことが十分にできなかった。

事故以前は、夫や義実家の協力を得ながら生活していたが、事故後に被ばくを回避しようとするための十分な情報を得ることができなかった。また、経済的にも、夫や義実家から圧力を受けた。彼女から電話で相談を受けたものの、家族の理解を得られないBさんは保養に行くことはできなかった。私は彼女に対しては、公的機関や近隣の子育て支援につなぐ以上の役には立てなかった。

　私は極端なケースをあげつらって、地域社会を批判するつもりはない。そうした態度が分断を深くしてきたことを身をもって感じてもいるからだ。しかし、このケースから、原発事故というきわめて政治的で判断が難しい緊急事態において、危うい均衡で保たれていた「私的空間」の力関係が崩れたことがよく分かるのではないだろうか。国策や風評被害といった「公的」な問題が、暴力といった形でより強く「私的」な生活に入り込んできたのである。

　しかしBさんや、除染をさせてもらえなかった和田さんの意見や経験は、事故後の政治や法律、地域社会の意思決定に反映されることはない。

　よくある反論として、「女性は政治的決定への参加を望んでいない」というものがある。たしかに、職業的な野望がある人のほうが「偉い」わけでも「正しい」わけでもない。働いている女性が働いていない人より「優れている」ということでもない。首長が全員男性であることも、私は「そういうものなのかな」と感じていた。しかしアメリカ合衆国最高裁判所判事のルース・ギンズバーグのインタビュー[75]を読んだとき、考え方が変わった。アメリカ史上二人目の最高裁判所の女性判事であるギンズバーグは、「最高裁判所の判事の中に女性は何人いたら十分ですか?」と問われると、こう答えるという。

「全員」

そうすると質問した人は必ずショックを受ける。私自身も、裁判官が全員女性になったら、女性の思うことばかりが実現する社会になるのではないか、優秀な男性が職を得られないのではないかと一瞬驚いた。しかし彼女はこう続ける。

「だって、判事が全員男性だったときは、誰も疑問を持たなかったじゃない」

このエピソードからも、女性の意見が「公的」に反映されないことに私たちが慣れ切ってしまっていることが分かる。では、原発事故後の「ジェンダー」の問題についてこれからどのように考えていけばよいのか。二〇一七年末、メディア文化論とジェンダー研究が専門の田中東子准教授（大妻女子大学）に研究室でお話を聞いた。

「こういうたとえをすると嫌がる方もいるかもしれませんが、追加被ばく回避をしようとする女性が社会から圧力を受けるのは、セクハラや性被害の問題と構造が似ていると思います。女性は、「私は痴漢にあいました」と語るだけで、「格好がだらしなかったからだ」といった批判を当たり前のように受けます。性被害の裁判で、男性の裁判長の発言がセカンドレイプになることもあります。女性やマイノリティが被害を訴えると「感情的だ」として抑圧されることは、原発事故以外でも日常的に起きていることです。そこで見えなくさせられているのは、「加害者の責任」を問う視線です。被害を訴える女性たちを非難する人々は、原発を推進してきた国家や社会が負うべき責任や、事故を起こした東電が負うべき責任を問う視線にフタをし、加害者の側が負うべき責任を、個人の問題として被害者やその家族に押しつけてしまっているのではないでしょうか。フタをされた状況を抜けだすには、少しずつでも女性や子ども、マイノリティが、被害について安全に語ることのできる社会的土壌を作っていくしかありません」

保養の問題にも、ジェンダーや性差別がかかわりあることが少し見えてきただろうか。ここまでは、実際に起きた「差別」について考えてきた。次は、今回の事故後に現れた「差別が起きることへの予期不安」について考えていこう。

リプロダクティブ・ヘルス／ライツ――性と生殖に関する健康・権利

「「母親だけで（が）子どもを守れ」なんて言われたくない」

「障害がある子どもが生まれるということを脅しに使わないでほしい」

原発事故についてそんな率直な意見が飛んだのは、二〇一一年八月に行われたおしゃべり会のときだった。おしゃべり会を共催した「ＳＯＳＨＩＲＥＮ・女《わたし》のからだから」は、刑法の堕胎罪、優生保護法の撤廃を求めて一九八二年から活動してきた女性団体である。

日本では一八八〇年の旧刑法、一九〇七年の現行刑法において「堕胎罪」が規定された。同法には、「妊娠中の女子が薬物を用い、又はその他の方法により、堕胎したときは、一年以下の懲役に処する（第二一二条）」と記され、今も存在している。ＳＯＳＨＩＲＥＮの大橋由香子さん[76]はこう語る。

「堕胎罪で中絶を禁止しても、中絶はなくなりません。産み育てられない女性は非合法の闇中絶をして健康を害し、命を落とすことさえあります。女性だけが罰せられ、妊娠の相手である男性は何も問われない不条理もあります。戦後の混乱期の一九四八年に、堕胎罪で妊娠した女は産むべきと規定したまま、例外として「優生保護法」で許可した場合は中絶していいという二重構造になりました。それでいいのか、堕胎罪について、もっと議論する必要があります」

しかも優生保護法の目的には、「不良な子孫の出生を防止する」とあり、優生思想に基づく不妊手術と人工妊娠中絶も定めていた。ナチス・ドイツの「断種法」をモデルとした戦前の国民優生法が前身で、障害や病気を持つ人に対して、本人の同意なく、国家が中絶や不妊手術を強制する法律でもあったのだ。

「国や第三者に管理されず、女性が子どもを産むか産まないかを自分で決める」という女性運動と、「障害児なら中絶してよいという胎児条項の新設を許さない」という障害者運動。二つの運動は、対立させられそうになるのを対話で乗り越えながら、七〇年代から一緒に闘ってきた。「リプロダクティブ・ヘルス／ライツ」とは、性と生殖に関する健康・権利と訳されるが、二つの運動はまさにその権利のための闘いだった。

一九九六年、優生保護法から優生部分だけを削除して母体保護法になったが、国は優生保護法についての検証や被害への謝罪、補償に取り組まなかった。二〇一八年一月には、中学三年生のときに同意なく不妊手術された女性が、国を相手に仙台地方裁判所に提訴した。大橋さんも彼女たちと行動をともにしていた。宮城県で手術を受けた記録が残る男女八五九人のうち、未成年者は五二％。最年少女児が九歳（一九六三年手術）、男児が一〇歳（一九七四年手術）だった。「子どもを持つべきではない」と決めつけられて不妊手術を強制された人は、全国で一万六四七五人に上り、約七割が女性だ[77]。

国が人間の出生に対して権力を行使する。そう言われてもぴんとこない方も多いだろう。日本はいま少子化で、「子どもを産む」ということが奨励されており、そういった政策の方向性が直感的に「よい」と思われていることだからかもしれない。反対に、かつての中国の一人っ子政策のように、女性が産むことを制限されることもある。そのほか、水俣病のあとに新潟水俣病が発生した際には、行政指導による妊娠規制が行われた。その影響もあり妊娠中絶や不妊手術が起き、新潟では胎児性水俣病認定患者は一人しか生まれなかったという[78]。

福島原発事故の直後も、女性の母性や妊娠能力の重要性が強調され、障害を持つ子どもの出生への恐怖が前面に押しだされた。そういった現状に対して違和感が噴出したのが冒頭のおしゃべり会だった。チェルノブイリ原発事故後の日本の反原発活動でも、こういった議論は起きた。

「反原発活動の一環で行われたチェルノブイリ写真展でも、子どもの身体障害がビジュアル的に強調され、その人が実際に生活していく大変さよりも「奇形＝怖い」というイメージが先行してしまったように思う」という意見も会場から出た。

言葉は率直だが、みんなで輪になって座りさまざまな女性がそれぞれの考えを話す温かい空間だった。私は、事故後の被ばく回避行動は、障害がある子どもの出生に焦点が当てられているのではなく、目の前の子どもや自分自身を現実的にどう守るかということがテーマであると話した。また、被ばく回避行動は必ずしも「お母さん」だけの活動ではなく、男性保護者や単身者の方も参加しており、多様性が保たれていることなども説明した。

ここまで見てきたように、原発事故だけではなく、「健康」がかかわる社会問題では、女性の体や障害者の権利の問題が複雑に絡み合う。おしゃべり会の最後に障害当事者でもある米津知子さんが語った言葉が、一番大切なことを表していると思う。

「この問題で障害者と女性、両方に必要なのは、障害があってもなくても、生まれた子が歓迎され、子が育つうえで格差が生じない社会的支援をつくることです。それが障害の負のイメージを軽くしていくのだと思います」

これは、「原発事故で障害がある子が生まれる」という予測から行う議論ではない。もし国が言うところの「正しい知識」でその不安が一掃されるとしても、そもそもの差別の問題は解決されていないことを、どの立場の人も理解する必要があるのではないかと私は考える。障害がある子が生まれる。なぜそれが怖いことと表象されるのか。ある種の自然主義や一部のスピリチュアルな考え方が、「健康な子ども」というイメージに入らない人々を排除する可能性があることは、事故以前から指摘されてきたことである。ヒューマニズムさえ、使い方によっては「誰が正しい人間なのか」という基準をつくることで時には排除を含んでしまう。しかし、不当に傷つけられたくない、私の心身は私のものであり大切にしたいという思いは、「権利」の根本である。それぞれの領域で、排除を含まない表現や活動のあり方を模索していくしかないのだろう。

二〇一七年九月、南相馬市の図書館の掲示板に一枚のポスターを見つけた。「水俣病展二〇一七」と書かれてあり、鳩を摑んだ胎児性水俣病の少年が写真の中で笑っていた。命は美しい。そう書かれたキャッチコピーも含めて、私は嫌な印象は受けなかった。

一九八〇年代後半、一部のチェルノブイリ写真展に対して批判が起きたこともあった。しかし、障害を持つ人の写真を使って展覧会をすること自体がいけないわけではないのだ。何かを訴えるときに、それが差別につながるかどうかは、その表現や展示が人を脅かすようなものであったり、人を人として見ずに利用するものであるかどうかによるのではないか。その二つを乗り越えていくことが、原発事故以降のあらゆる活動にとって重要なことである。

「差別」と向き合う

では次に、二〇一一年に起きた原発事故の支援活動は、どのように「差別」を乗り越えようとしてきたか、その本質は何なのかを考えていきたい。

障害当事者による障害を持つ子どものための保養

「避難するのも保養するのも、障害者にはハードルが高いんですよ。でも「健常者と同じ権利がある」というのがベースの思いです」

そう語ってくれた矢野正孝さん（仮名）は、いわき市の小名浜出身だ。自身も脳性まひ当事者として自立生活センターで働いてきた。小名浜は、事故が起きた福島第一原子力発電所から五五㎞ほどの位置にあり、津波の被害も受けた。二〇一一年三月、同センターのメンバーのうち希望者は、いったん東京の研修・宿泊施設に集団避難を行った。しかし、障害者、介助者含めて関係を保ちながらの避難生活は困難だった。避難している側もそのまま残っている側も、非常に厳しい状況に置かれた。そして研修・宿泊施設に避難した方々は、同年四月中には帰還することとなる。

矢野さんは事故以前、原発に関する知識を持っていなかった。帰還後、チェルノブイリに関する映画を観て初めてリスクについて知る。

「健常者は逃げようと思えば逃げられるけど、障害者はその権利もないまま我慢せざるをえない状況になるのではないかと感じました」

二〇一二年夏、郡山市や福島市の自立生活センターが発起人となり、障害を持つ子ども向けの保養が東京で開催されることとなり、矢野さんはスタッフとしてそこに参加した。自立生活センターは、保養を開催するにあたって、事前に現地を視察した。集団行動が難しい発達障害や知的障害の子どもが安心して参加できるように、保護者にスケジュールや保養先の様子を入念に説明した。「障害がある子が参加できる保養が少ないのでありがたい」という保護者からの声も多かった。前述したように、現在は障害を持つ子ども向けの保養も行われているが、二〇一二年夏には少なく、健常児と一緒の企画に参加することをためらう保護者もいた。

「健常者と「分けられて」保養することはいかがなものかという議論もありました」

「分けられる」ことを拒否する。それは地域での自立生活を求め実践してきた、障害者運動にとっては重要なキーワードだった。

矢野さんに「保養は差別を生みますか」と質問したところ次のようなコメントが返ってきた。「それは差別という言葉の使い方を間違っているんじゃないですか。保養は特別扱いではない。私たちに平等に与えられた権利。本来あるべき選択肢という点から考えて、不平等はなくしていかないといけない」

米津知子さんのお話を聞いたときにも感じたが、障害当事者運動をしてきた方たちの「分断」や「差別」に関する言葉はいつもクリアだ。それだけ思想と実践を積み重ねてきたのだということが分かる。

障害のある人の権利と本来あるべき選択肢を実現するために、二〇一三年から二〇一五年にかけて、神奈川県相模原市でサテライト自立生活センターが設立された。それは県外の社会資源を見てもらったうえで、障害当事者にそれぞれの選択をしてもらうための一時的な居住スペースだった。さまざまな制約があるため、利用する人は少なかったが、それは障害当事者にとって事故後の重要な選択肢の一つだった。その縁もあって、矢野さんはそのまま相模原に居住を移した。一年ほどは新しい生活に適応することで精いっぱいだったという。

相模原にある障害者施設津久井やまゆり園で、元施設職員の男が、入所者一九人を刺殺し二六人に重軽傷を負わせる殺傷事件を起こしたのは、二〇一六年七月のことだ。矢野さんは事件にショックを受けたとともに複雑な心境になった。現在三五歳の矢野さんは、自身も三歳から一八歳まで入所施設で育った。事件のあと、矢野さんは障害当事者団体の集会に定期的に参加した。施設に「分けられる」のではなく、障害者も地域で生活していこう。そういう当事者の思いに、関係者から「施設をすべてなくすのは差別的だ」と反対の声も出た。さまざまな議論を経て神奈川県は、二〇二一年までに「本人による意思決定支援」を整備することを決定した。[79]

障害当事者による障害を持つ子どものための保養という実践は、保養そのものが「優生思想に基づく差別的な実践ではない」ということを分かりやすく示してくれた。しかし、障害を持つ子が生まれるのが怖いという言説や表象は確かに存在しており、それは原発事故だけの問題ではないといいえる。

他者の選択を尊重する

「差別をしないために必要なのは、知識じゃなくて知性なんです」

水俣で育った石橋さんは、インタビューの最後にしみじみとこう語った。現在国は、差別防止のために「正しい放射線教育」を全国で進めていく方向だが、それは差別やいじめに関する一部の側面しかとらえていないように思われる。

本章では、分断や差別について見てきたが、そもそも差別が「生まれる」という言葉が間違っていると私は考える。自然発生的に差別が「生まれる」のではなく、常にそこには差別を「する」主体がいるのである。相模原障害者施設殺傷事件では、この「主体」が明確であり、加害者の男は、残虐で許しがたい危害を人々に加えた。原発事故に限らず、社会がその差別を「する」人と向き合っていくことが重要である。

二〇一七年一一月、福島市でお話を伺ったとき、障害当事者の設楽俊司《しだらしゅんじ》さんがとても大切なことを教えてくださった。設楽さんは、福島県内から避難する人も、留まる人も、保養する人も支援してきた方である。[80]

「避難するべきかどうか、また保養するべきかどうか」というのは、原発事故が起きなかった地域では迫られない、そもそも無理な自己決定でした」

その考えを根本に置きながらも、設楽さんはそれぞれの障害当事者の選択が良いものになるよう支援を行った。「なぜそこまでして他者の「選択」を尊重するんですか」と私が質問すると、設楽さんはこう答えた。

「子どものときから障害者施設の中で「分けられて」育って、自由を非常に制限された生活を送ってきたことに対する反発心があるんだと思います。とにかく私たちはそれぞれの判断や選択、決定を全力で尊重しなきゃいけない」

設楽さんはいったん言葉をとめて、三〇年以上続けてきた障害当事者運動の実感をこめて言った。

「そうしないと、私たちは大きな力に簡単に分断されてしまうんです」

この言葉は聞いたとき、私は分断が起きているのではなく、分断「させられている」のかもしれないと思った。そして、「分断」や「差別」と向き合っていくためには、不平等な立場に置かれている人に選択肢をつくっていくこと、社会全体で他者の選択を尊重していくこと、差別をしないための「知性」を培っていくことが必要なのだと感じた。

若い女性の不安

次に、「差別が起きることへの予期不安」とどう向き合うかということについて取り上げる。

「自分の部屋が毎時〇・八マイクロシーベルト〔平常時の二一倍程〕ありました。壁のほうが高いから、それまでそっちを頭にして寝ていたけどベッドを逆に向けました。私は食べ物が気になるけど、そういうことを言うとお母さんが心配してかわいそうだから」

中通りに住むある女子中学生がぽろぽろと涙を流してそう話してくれたのは、二〇一三年の保養キャンプだった。お寺の窓から差し込む光は、畳の上に輪になって座る子どもたちを照らしていた。産婦人科医兼心療内科医である斧澤克乃医師はうなずきながら話を聞いて、その女子中学生にこう語りかけた。

「周りの人に気を遣いすぎないで、正直に気持ちを言える場を持つようにしましょう。成長していく過程で生じてくるいろいろな不安や疑問を素直に私たちにぶつけてほしいです。他に誰も聞く耳を持たなくても、私たちが必ず誠意を持って耳を傾けるので、真剣に向き合う大人がいることも覚えておいてほしいです」

そうして斧澤医師は彼女と連絡先を交換し、その後も相談に乗っていくことにした。

事故後、「福島の女の子は妊娠できます」と高齢の男性研究者が言う場面を何度も見た。もちろん低線量被ばくのリスクを強調することで、「差別」を生むことはあってはならない。しかし一方で、若い女性や母親、そして女の子たちの相談に乗ってきた私は、社会的階層の上にいる男性が、女性の性や健康、結婚について上から語ることに違和感を持っていた。

たしかに、福島の方々で、「娘が結婚差別されるのではないか」と心配している人に出会ったことは一度ではない。[81]そのたびに思い出されたのが、私自身が子どものときに「あんたは家族に統合失調症の人がいるから結婚できんかもしれんね」と他人から言われたことだった。そのあと、もし権威のある人から「統合失調症は遺伝しません」と言われたところで、自分の不安や不快はなくならなかったと思う。そのとき、そもそもなぜ自分の身体について誰かから「母体」として「値ぶみ」されなければならないのだろうかと感じた。

「リプロダクティブ・ヘルス／ライツ（生と生殖に関する健康・権利）」のところでも議論を整理したが、女性の身体、生殖にかかわる問題は、歴史的に見ても「科学－非科学」の問題のみで語れないことがらなのである。そこには、政治や社会が深く関係してくる。そして、国や社会の上層部が、人間の出生や女性の妊娠に関して権力を行使してきたことは、歴史的な事実なのである。

これは原発事故に限って起きたことではなかった。「健康」がかかわる社会問題では、しばしば女性の身体や結婚に注意が向けられる。四日市ぜんそくの元認定患者である鈴木優美さんにお話を伺った。

「ぜんそくの影響で意識がないほど、ひどいときもあったと思います。中学一年生の三学期は、まるっきり学校に行けませんでした。認定患者の子向けだと思うんですが、夏に林間学校に連れていってもらいました。そのときに空の星がものすごいきれいなんを見て、あ、これが本当の空なんだということを思いました。公害認定患者を打ち切ったのは、一六、七歳のころだったと思います。そのとき母親に、「このまま公害認定患者のままだと、お嫁に行けなくなるかも分からないから今のうちに切る」って言われました。そのときは「そんなもんなんかな」と思いました。でも、それがインプットされてトラウマになったんか、自分は結婚できないんじゃないかと不安でした。それから一九歳で隣の市の人と結婚して子どもを三人産みました。こういう悩みは誰にも相談したことがなかったんですわ。認定患者は少なくて、学校でも話題にならなかった。話しても「いくらもらったん？」と絶対言われたので。母は隠したがっていましたし。今住んでいる隣の市では四日市ぜんそく自体が興味を持たれていないようでした。いまこうして話せるようになったのは、両親が亡くなったからというのもあります。私が何をしゃべってももう苦しむ人はいないので。私自身は認定患者であることを隠してはいませんでしたが、心を閉ざしていたかもしれません。こういう痛みは、同じ目に遭った人にしか分からないと思います」

冒頭の中通りの女子中学生と二人きりになったとき、私はまずはこういう事態になったことを謝った。毎時〇・八マイクロシーベルトの部屋で過ごしたことも、そのとき彼女が不安に感じたことも、それを言えなかったことも事実なのである。それを「科学」の問題だけクローズアップして「安全だから大丈夫」と上から言うことだけが、正しいことなのだろうか。

事故後、支援の中で私やその周辺の人々は常に「現在」の問題、たとえば外遊び制限や自然体験の減少、ホットスポットの存在、口に出せない不安などに焦点を当ててきた。優生思想や女性差別の文脈に、被ばく回避の支援が飲み込まれることを拒否してきた。しかし、当事者の不安に応えないまま、権威ある大人が「大丈夫です」「産めます」「救います」と言うことには疑問を呈したい。たとえば病気になると不安になるのは、それがどうしようもなく「私」の個人的な経験だからである。「身体」の経験は、自分を主語にしてしか語れない。自分の心身を大切にしてよい。それが根本的な「権利」の感覚でもある。

この女子中学生が受けたのは、社会の構造的な「暴力」だと私は考えている。その「暴力」をなかったことにして上から大丈夫というのではなく、その「暴力」がどのようなものだったか、どう感じたかを聞き、そして謝ることが重要ではないだろうか。

まず大前提として、結婚差別は原発事故に限らず起きてはいけない。どうしたら起こらなくなるかを社会全体で考えていかなければならない。しかし、原発事故に限らず、もし万が一起きたとしたら、どのような支援ができるのだろうか。『結婚差別の社会学』（齋藤直子著）では、結婚差別後の支援について考察されている。同書によれば、「耳を傾けて気持ちに寄り添い、本人たちが決めることを待ってくれる」支援と、その問題について話すことができる相手の存在、実際に同じ体験をした人などとのつながりが有効であるという。

女性が自分自身の身体について、自分を主語として語るためには、不安を抑圧せず、社会全体で考え、取り組み、横のつながりでゆっくり解決していくことが重要である。

「支援者」のあるべき姿勢

ここまで、どう「差別」と向き合えるかの議論を整理してきた。ここからは、支援者のあるべき姿勢について、二人の保養支援者のお話から考えていこう。

「保養が差別的な活動ではないと証明しようとするんじゃなくて、どんなときに保養は差別的になってしまうのか、と考えるべきだと思います。だって、一切の差別心がない人なんてこの世にはいないんだから」

大阪のご自宅でお話を伺ったとき、宇野田陽子さんはこう語った。私はペンを走らせながら、その言葉に一瞬どきりとした。宇野田さんは、学生時代から路上生活者支援にかかわり、その後一五年以上、言語聴覚士として子どものことばのリハビリに従事してきた。原発事故後は、二〇一一年五月にボランティア団体「大阪でひとやすみプロジェクト」を緊急に立ち上げ、窓口相談や保養受け入れ、現地支援も行ってきた。

二〇一二年初夏、宇野田さんが現地で保養キャンプ説明会を開いたときのことだった。「障害のある子どもが参加できる保養がない」と複数の保護者から相談を受けた。その中の一人のお母さんの言ったことが、今でも忘れられないという。

「うちの子は社会に受け入れられないから」

その後、東日本大震災で被災した東北の障害者の証言をまとめた映画『逃げ遅れる人々』の上映会を主催したことがきっかけとなって、大阪府箕面市の障害者団体と「ゆっくりすっぺin関西」を立ち上げた。同団体では、障害のある子どもとその家族を対象に、春と夏の年二回の保養を継続している。

「事故直後なら緊急支援も必要でしたが、数年以上たつとむしろ相手の持っている力を奪わないよう十分配慮する必要があります。たとえば、遠く離れていると「福島の子どもは〜」「東北の人は〜」と束ねた表現をしてしまいがちになります。そうするうちに支援者は、こうであってほしい、こうであるはずだ、という幻の当事者像を描いてしまうことがあります。支援者側のそうした認識が、当事者を戸惑わせる場合も出てきます。逆に、「当事者の言っていることはすべて正しい」とばかり支援者が考えてしまうことも、当事者の本来持っている力を弱めてしまいます。そうではなくて、私たちが原発事故を防げなかった責任をどう引き受け、事故後どう生きていくか考える。そして、一人ひとりの名前のある人たちと信頼関係を構築していくことが大切なのではないでしょうか」

信頼関係を構築するには、相手を知ろうとする努力が欠かせない。宇野田さんは福島の地元紙を購読して、現地に熱心に通う。保養を通しても一人ひとりと丁寧にかかわる。保養報告の文章を読んでも、宇野田さんの言葉を通すと子ども一人ひとりがきらきらして見える。二〇一五年のプール遊びを報告した一文を引用してみよう。


みんなで流れるプールで遊んでいた時のことです。

浮き輪につかまってりゅうちゃんとにっちゃんが勢いよく進んでいきます。

筋力の弱いたっちゃんはどうしてもどんどん遅れてしまいます。

みんなと同じスピードで進んだ方が楽しいかなと思って、私がたっちゃんの浮き輪を引っ張ってみんなで進んでいた時です。

たっちゃんが「うのちゃん、引っ張らなくていいよ。自分のスピードで行くから」と言いました。

私ははっとして、引っ張るのをやめました。するとたっちゃんは「待ってよ〜」と言いながら、ずいぶん遅れをとりつつも自力で水をかいてにこにこの笑顔で進んでいくのでした。
そのことを引率の先生に話すと、先生はそっと後ろからたっちゃんに
「これからも、大きくなっても、そう思ったときはそう言うんだよ〜」と呼びかけておられました。

「福島の子ども」「障害児」という表象ではなく、たっちゃんの個性や持っている力が描かれており、そこには宇野田さんの姿勢が表れている。

「では、どうしたら保養は差別的でなくなるのでしょうか」

私の質問に、宇野田さんはご自身の経験を交えて答えてくれた。

「たとえばうちは里親をしているんですが、里親になる前もなってからも、多くの研修やサポートがあります。子どもの権利や育ちについて学び、支配的にならない養育について考え、悩みを聞いてもらえるシステムがあります。しかし、第三者の目が入らず、研修や支援者支援の枠組みがないところで支援を行うと、活動が行きづまったり、誰かが傷ついたりしてしまいがちになります」

夕日が射し込んできて、キッチンテーブルが赤っぽくなっていた。宇野田さんはこう続けた。

「精神医療や阪神・淡路大震災の支援のときにも言われてきたことなのですが、「支援者にできることは当事者をこれ以上傷つけないこと」なんです」

あまりに大事なことなので、私は思わず口の中でくりかえした。「支援」というものの限界

や権力性を象徴する言葉だと思った。

「支援者は、自分を救済者と思い込まないで、目の前の人と一緒に考えて、一緒に歩いていく。答えを出そうともがいている人にそっとお茶を差し出す係と言えばいいでしょうか。常に自分に問い返しながら、「誰のために」「何のために」これをしているんだろうと考えていくしかないと思います」

宇野田さんの言葉は、「支援者」の限界と同時に、その豊かな「可能性」も示していた。

高木俊介医師は、京都のカフェでビール片手にインタビューに答えてくれた。二〇一七年一二月のことだった。

「このビール、うちでつくったんですわ」

京都・一乗寺ブリュワリー。そう名づけられた醸造所は、在宅精神障害者の雇用の場づくりを目指して開業したものだという。高木医師は、重度精神障害を持つ人が地域社会で生きるための包括的訪問型支援「ACT－K」を、日本で初めて実践した。かつて「精神分裂病」と称された疾病名を「統合失調症」と改名した方でもある。

高木医師は、震災のちょうど一ヵ月前、福島の浜通りに呼ばれて講演をしていた。その縁もあり事故直後から動きはじめた。当時、福島県内の精神病院や福祉施設すべてと連絡が取れなくなっていた。高木医師は、認定NPO法人「地域精神保健福祉機構・コンボ」に対し、連絡が取れた福島県内の施設をサイトでまとめることを提案した。そして三月下旬には相馬市に向かい、知己の人々と会い、今後について話し合った。地域で暮らしている人たちも完全には状況が把握できていなかったが、医療者と支援者たちで集まって、訪問看護ステーションを立ち上げることを決意した。

それから高木医師は、精神医療回復に貢献するために福島へ頻繁に通うようになった。震災の一年後、浜通りの精神障害者作業所が二本松に移転するときにも協力をした。当時、駅近くの川べりでは最も高いところで毎時一〇マイクロシーベルト（平常時の二六〇倍程度）あったが、そこで子どもたちが駆け回っていた。また、精神医療を支える支援者たちが、地元を離れることができないという状況も心配していた。

「福島の子どもらを八丈島に呼ぶことはできひんか」

高木医師は、八丈島の精神福祉関係者にこう声をかけた。すぐに「福八子どもキャンププロジェクト（通称・福八）」が立ち上がった。五泊六日の日程で、中通り向けと浜通り向けに二つのプログラムを行うことになった。

「五年間は、僕の講演料やそこで集めた寄付金を出すから」

高木医師はそう言って、本の原稿料もすべてつぎ込んで保養を始めた。八丈島のゲームもテレビもない環境で、子どもたちは無人島に行き、太鼓をたたき、海老を捕まえ、真っ黒になって遊びまわる。ベラルーシで言われる「セシウムの排出」を目的にして来る保護者もいるが、一番の目的は心身のリフレッシュである。「福八に行きたいから」と日ごろ勉強をがんばっている子もいる。新しく参加した子どもたちも八丈島の魅力にはまっていく。

二〇一六年暮れには、子ども三〇人、大人三一人が「福八のこれからをいっしょに考えたい、自分たちの思いを伝えたい」といわき市で合宿を行った。高木医師は「さあ、約束の五年経ったぞ。どうするか」と言い、スタッフと子どもたちが対等に話し合った。子どもたちは福八を続けたい気持ちを、歌やダンス、絵画などで表現した。お小遣いを貯める、高校生はボランティアスタッフとして参加するなど、自分たちで協力できることを提案してきた。

「支援者が、当事者を支配したり権力を行使したりしないためにはどうしたらいいですか」

私がそう尋ねると、高木医師は丁寧に答えてくれた。

「それは原発事故だけの問題ではなくて、医療や支援全般の問題ですわ。ときおり支援者でも「福島から逃げないのは変だ」という人もいて、お母さんがひどく傷つくということもあります。そんなことを言うのなら、自分が受け入れ先で仕事をつくって、完全に元通りの生活ができるようにしないと無責任だと私は思いますね」

精神障害を持った人が地域で暮らすために、自ら「仕事」をつくってきた高木医師の重みのある言葉だった。私自身、避難者の方の就労先探しを手伝ったことがあるが、住まいを無料や格安で貸し出す支援はあっても、正規雇用の就労先を見つけることは非常に難しかった。[82]

日本は精神病院大国であり、世界の病床数の二割が日本に集中している。一九五一年、国は精神障害者の隔離収容政策を進めることを決めた。世界では障害者を施設から解放しようという動きが強まる中で、日本では病床数を増やすほど病院が儲かる仕組みにして、病床数を増やしていった。この問題について日本は、国連やWHOから人権侵害として勧告を受けてきた。[83]

二〇一八年二月にNHK・Eテレで放送されたETV特集では、原発事故で避難を余儀なくされたことをきっかけに、精神病院から出ることができた方々が描かれた。高木医師もこの番組の制作に協力した。原発が稼働しはじめたころに病院に収容され、四〇年近く退院を希望してもできなかった六〇代の男性は、事故をきっかけに転院した病院で「入院の必要なし」と診断された。二五年以上の長期入院の患者が半数近くで、九割はすでに入院の必要のない患者たちだった。高木医師は、日本で精神障害者が地域から「排除」されてきた歴史を教えてくれた。

「石炭から石油にエネルギーが転換したのをきっかけに、政策として海岸部に人が移動させられました。石炭のときは地方の炭鉱から都市に運ぶ仕組みでしたが、石油は海外からの輸入なので太平洋岸沿いに人を集める必要があったのです。しかし、家族が障害者を抱えていては人々を労働に駆り出すことができないので、一九五〇年終わりごろから一九七四年まで障害者を施設に大移動させる政策が進められました。七〇年代に身体障害を持つ人々による「町で暮らそう」という運動が起きました。いま高齢者が車椅子で町に行けるのも、その人たちが運動をしてくれたおかげです。その後、知的障害を持つ人々がコロニー的な場所から地域に出て生活する流れがあり、一番遅れたのは精神障害を持つ人々でした。精神障害は二〇歳以上になってから発症するケースが多く、長年病院にいた当事者の親は高齢で、一緒に運動していくことができなかったという経緯もあります。こういう歴史を見ると、国や社会や医療が、障害当事者を支配し、排除しようとしてきたことが分かります。差別の社会構造は、事故以前からずっと続いているんです」

地域で暮らしていく。福八の活動のベースにその思想がある。事務局の村上文江さんは、事故後六年目の合宿を経て、報告のエッセイでこう書いている。

「かつては（今もある部分はそうですが）、みなが手弁当で活動していた障害者の居場所づくり。その流れに連なる福島・京都・東京・八丈島のボランティアの面々。「子どもたちの笑顔」に魅せられながら、「お金があるだけじゃできないこと」をお金がなくても創り出して、福島の子どもたちとともにこれからもやっていくんだろうなあ」

高木医師は、子どもたちが自分で考え生きていけるようにしたいと考えている。しかし、それは子どもが孤立した形で「自立」することではないという。

「私たちにできるのは、小さなことです。これから子どもたちが悩んだときに、絶対自分はひとりじゃないと思ってほしい。そのために保養をしてきました」

そう信念を込めて、高木医師は「地域」の力でつくり出したビールを飲み干した。

事故以前から、差別や排除の問題と向き合ってきた保養支援者のインタビューから、大きく二つの「あるべき姿勢」が浮かび上がってきた。まず、支援者は「救済者」として上から支援するのではなく、社会構造や人間同士の関係が生み出す「権力」や「排除」の問題を理解することが重要である。そのうえで、対等な「人」として一緒に社会で生きていくというかかわり方を地道に続ける必要がある。

大事なのは、自分が目の前にいる相手を、きちんと一人の固有の「人」として認識し尊重したうえでかかわっているかどうかという点ではないだろうか。私がそのことについて考えさせられたのは、次の二人の保護者さんの言葉だった。福島県内の自治体で放射能測定にかかわっていたお母さんが、県外から支援者として来たジャーナリストを案内したことがあったという。

「案内しながら、そのジャーナリストがメモもせずぼんやりとしていて、私の話をちゃんと聞いていないのはすぐ分かりました。その人は、「福島は安全だ」と書くためだけにアリバイ的に現地に来たんだと思います。私たちがどうやって農作物の汚染を下げているか、どうやって苦労して測定し外に説明をしようとしているかは興味がなかったんだと思います。なんだか少し悲しくなりました」

また、中通りで被ばく回避の活動をしていたあるお母さんが、「支援者」と称して福島にやってきた人たちにふり回されたあと、ぽつりとこう漏らしたこともあった。

「自分たちがやりたい市民活動をやるために利用できる当事者であれば、私じゃなくても誰でも良かったんだと思う。その人たちは、私のことは見てなかったんだよね」

この言葉を聞いたとき、私は胸が締めつけられるような思いがした。自分たちの主張や思想のために「当事者」を利用することは決してあってはならない。「人」を「人」として尊重しなければ、「支援」はむしろ目の前の人を傷つけてしまうのである。

語り部活動と「権利」感覚を養う必要性――「分けない」ことと「分ける」こと

ここまで、「保養」という小さな活動から見えてきた「差別」の問題について考えてきた。さまざまな人たちの言葉から、マイノリティ（少数者）が、差別をする人々によってレッテルを貼られ、「普通」の人々と「分けられる」ことが見えてきた。歴史的に見て、それは政策や社会構造の結果として引き起こされるということも分かった。同時に、「支援」という善意の取り組みの中でも、当事者にレッテルを貼って自分たちと「分け」、相手を一人の人間として見ないということがしばしば生じうることも見えてきた。「不当に」健康被害を受けない権利と、「不当に」リスクを押しつけられない権利。本章第3節（差別）で掲げたこれら二つの権利を守りつつ「差別」を起こさないようにするために、社会全体では何ができるだろうか。まず、同じ社会に住む者として「分けない」ということについて再度考えてみよう。

私は学部生時代、文化人類学を学び現地調査をする側の人間だった。しかし原発事故が起きて、さまざまな活動にコミットする中で、調査対象者になることがあった。はじめのうちは自分が調査の対象になることに違和感があった。「ボランティアで支援する人」と「調査する人」に分けられたように感じた。同じ社会の人間が同じテーマに向き合っているのに、なぜだろうか。そのときは、一緒にコミットしてほしいと思っていた。同時に、自分が「支援する人」としてふるまう中で、「支援する人」と「支援される人」に分けないで一緒に考えてほしいというメッセージを、くりかえし保護者の方々から受けてきた。これらは、海外の異なる地域・文化に対する支援や調査であれば、社会の構造や問題が自分から切り離されていると思い込んで、気づけなかった点だったのかもしれない。

事故を機に、「汚染がある地域」と「汚染がない地域」は唐突に「分けられ」た。そもそもの原因となる、原発事故による汚染という「出来事」をなくすことで、「分けられた」ことそのものから回復させようとする人もいる。しかしそうした消去の試みは、不平等を是正するための保養や除染といった「合理的な行動」すらも打ち消してしまう。原発事故以外でも、公害、障害者差別、女性差別など、これらの歴史はすべて存在するものであり、否定したり「なかったこと」にしたりするべきものではない。

国は現在、風評被害と差別防止のために放射線教育を進める方針を示している。[84] それも大切なことではあるが、私は放射線教育だけでは、差別は防げないと考えている。放射線教育はベラルーシのとくに汚染が深刻なゴメリ州などで行われてきた。[85] 医師や教師が中心となって行われた放射線教育は、基本的に風評被害や差別防止を目的とするものではない。ベラルーシ政府報告書によると、汚染地域の学校には情報センターが設置されており、放射線計測機や線量計などを使って「危険な場所に子どもが立ち入らないよう汚染地域での正しい行動を身につけられるプログラム」がつくられている。放射線について正しく理解するのは、正しく「防護・制御」するためなのである。たとえば日本でも、「認定NPO法人ふくしま30年プロジェクト」（福島市）などは、山形への自然体験プログラムを主催するとともに、小中高校生親子放射線ワークショップも行っている。

立体地図で放射能について学ぶ（ベラルーシ）
（撮影：佐々木真理）

「放射線は安全なので「理由なき」差別はいけない」と主張する人もいるが、そもそも「理由があってもなくても」差別はしてはいけないのである。[86] 差別は常に、もっともらしい「理由」をつけて行われる。重要なのは、「新しい差別を起こすから黙れ」という差別温存型の主張ではない。差別の被害を訴える人に対し、「あなたは今は被害を受けているけれど、事故以前はむしろ差別する側だったのだ」と被害を相対化して黙らせることでもない。むしろ私たちは、ここで差別問題の歴史から学ぶことが重要なのではないだろうか。つまり、差別によって「普通」

から「分けられた」人々がどのようにして自分たちの権利の回復を果たし、また不平等の是正を実現してきたのか、そのプロセスを知ることである。たとえば『子どもたちのいのちと未来のために学ぼう――放射能の危険と人権』（福島県教職員組合放射線教育対策委員会、科学技術問題研究会編著）では、二〇一二年の時点で、放射線教育に偏らない人権教育の重要性を説いている。

ここで、公害語り部教育が、歴史的なつながりを感じさせ、子ども自身が持つ経験の再構成に貢献したケースを紹介しよう。福島から新潟へ避難した小学五年生が、新潟水俣病の語り部の会に参加して書いた作文の引用である[87]。

〔新潟水俣病の語り部である〕小武さんは、あいさつは笑顔で、いざ水俣病の話となると、真剣に話してくださいました。私はそんな小武さんを見て、すごいと思いました。それは、語り部で何回も悲しいはずなのに、笑顔であいさつをしていたからでした。小武さんは水俣病に立ち向かい、これから、もう、犠牲になる人を増やさないために、様々な活動をしているそうです。〔略〕小武さんは差別や偏見にもあったそうです。一歩外へ出ると「うつる」や「にせ患者」などと言う偏見の言葉が耳に入ったそうです。私も間違った事を友達が言っていて、否定しようとしましたが、できませんでした。そのため、私も小武さんが味わった苦しみや悔しさが、想像できます。そのため私は、差別や偏見を絶対したくないです。そして、絶対にやってはいけないという事をこれからも絶対に忘れたくないです。

この作文には、新潟水俣病への怒りや共感とともに、東日本大震災を忘れたくないという思いがつづられている。

また、子ども自身が「語り部」となって自分の経験や福島の今を話す取り組みも始まっている。福島市のNPO団体が行う「ひまわり大使ツアー」[88]では、子どもたちが震災以降にどういう経験をしたかを作文に書き、保養先で発表する機会をつくっている。作文の中では、地震のときの恐怖、周りが避難する中で自分は避難できなかった孤独感、外で遊べなかったときの気持ち、「福島は危ない」と言われるときの悲しさ、「風評被害」への思いなどが率直に語られる。「事故直後、「シャワーを流せば放射能は大丈夫」と専門家に言われたが、うちは断水しているから流せなかった」といった矛盾した状況も子どもたちの作文から見えてくる。

これは、同じ地域に住む担当者が、子どもや保護者と信頼関係をつくり、保養前後でケアしているからこそ可能な取り組みだ。保養先で話を聞いてもらうことは、子どもの自信につながっていくという。震災当時の記憶がない子どもには、保護者から聞き取りをしてもらう。そうすると、自分がいかに親に大事にされていたかを知り、自己肯定感も高まる。「出来事」や「経験」を主体として語り、自分たちを受け入れてくれる保養団体と「経験の共有」をすることは、「差別」や「偏見」の防止にもつながっている。

同じ社会、同じ世界の構造の中で、起きている「暴力」や「被害」。それらを「分けない」で、ともに共有していくこと。そのうえで、「主体」としてそれぞれが経験を語っていく教育のあり方が差別防止には有効なのではないだろうか。

次に、一人ひとりを「分ける」ということの肯定的な側面、意味について考えてみよう。

差別の歴史やその経験を共有していくだけでは伝わらないこともある。それは、一人ひとりがそれぞれ「権利」を持っているという感覚である。

二〇一七年一〇月、東京都内の保育園で、私は権利について学ぶワークショップを受けていた。ワークショップに講師を派遣した「NPO法人青い空―子ども・人権・非暴力」は、人間が尊厳を持って生きるための権利と、それを自分で守るための選択肢や方法を伝える活動をしている。デートDVからどう身を守るかの講座、護身術を学ぶセルフ・ディフェンス講座、女性への暴力防止など活動は多様だ。そのいくつかの活動に同行してみて、私が一番ショックを受けたのは、自分自身が「権利」について知らないということだった。もちろん歴史や社会問題の知識はあるが、権利の根本である「他人から自分を傷つけられたら、権利を侵害されたら嫌だと言っていい」ということが実感をともなって腹の底に落ちていなかったのに気づかされた。その感覚を確かに持っていて初めて、「他人の権利もまた侵害してはいけない」ということを理解できるのだと知った。同団体ではまず、暴力とは「心と体を傷つけること」だと教える。ただの標語としてそれを扱うのでなく、ロールプレイや何が暴力なのかを考えさせることを通して、子どもから大人まで実感を通して学んでいく。同時に、暴力を受けたときは、どう「権利」の感覚を取り戻すかが重要になることを伝える。

私は、自分自身が、こんなに重要なことを教育を通して学んでこなかったことに驚いた。差別や暴力を防ぐためには、こういった「権利」感覚を養う教育プログラムが必要不可欠である。「青い空」が行うワークショップの一つに、子どもがあらゆる種類の暴力から自分の心とからだを守る方法を学ぶ参加体験型プログラム「CAP（キャップ）」[89]も含まれていた。そこでは、子どもが暴力を受けそうになったとき、No（「いや」と言う）、Go（逃げる）、Tell（話す）という「選択肢」があることを学ぶ。これらは、「嫌だと言いなさい」といった「指示」ではない。指示の形でメッセージを伝えると、暴力の被害に遭った人が、「いやだ」と言えなかった自分を責めてしまうからだ。暴力はあくまで加害者が悪いのであり、「いやだ」と言えなかった被害者に非があるわけではない。これは保養の持つべき精神と通ずるところがあると私は感じた。

逃げてもいい、嫌だと言ってもいい、話してもいい。そうしなくてもいい。保養はそういう人間が持つ根本的な「権利」感覚を回復できる場として、機能するべきなのではないだろうか。

まとめにかえて

本章では、「分断」や「差別」を福島第一原発事故固有の「点」の問題として扱うのではなく、「歴史」という縦軸と「現在社会の中にある他の課題」の横軸を注視しながら考えてきた。社会の課題に取り組むときに、「差別」をできる限り引き起こさないためには、まず、同じ社会（世界）で同じ構造を共有する者として、自分と当事者を線引きして「分けない」ことが重要である。同時に、自分と他者を同一視せず、自分の思い込みから他者を「分け」、主体性を持った固有の個人として、他者の権利を尊重することが必要である。そして、語り部活動や権利感覚を養う教育を盛んにしていくことが、「理由があってもなくても差別はいけない」という社会の実現につながっていくのだと私は考える。

第8章 子どもたち——新しい支援が生まれるとき

親は子どもの代弁者なのだろうか

これまで見てきた保養活動の中では、主に「お母さん」に焦点が当てられていた。これは、保養とかかわりの深いケアの役割、ジェンダー、リプロダクティブ・ヘルス／ライツなど、さまざまな要素が絡み合った結果である。そして実際に私が相談窓口や相談会で出会った方々も、ほとんどが「お母さん」だった。原発事故という大規模の危機において子どもを守ることが、とくに母親の責任にさせられたことは、彼女たちの間に深い苦しみを生んだ。私も、懸命に子どもを守ろうとする彼女たちの姿にはいつも心打たれた。

そして二〇一七年、二人の女性から「保養に協力したい」という申し出があった。中学生と高校生のときに保養に参加し、それぞれすでに社会人になった方々だった。六年という時間の重みとともに、子どもだった彼女たちにも、それぞれの経験と人生があるのだと感じた。

そのとき、親は子どもの代弁者なのだろうかという問いが浮かんだ。親は親で自分の経験や思いを語り、子どもは子どもで自分の経験や思いを語る時期が近づいてきているのかもしれない。

子どもに語らせること、子どもが語ること

「子どもに話をさせるのは慌てないほうがいいんでないの」

郡山市の飲食店で、「NPOはっぴーあいらんど☆ネットワーク」の鈴木真理さんは、ぽつりと漏らした。子どもたちにインタビューをしようと考えていた私は、その言葉の意味をすぐには理解できなかった。

はっぴーあいらんど☆ネットワークは、無料甲状腺エコー検査の主催（月一回）、健康相談会、演劇プロジェクト、保養プロジェクトなどを行う福島県内の団体だ。私が改めてお話を聞きに伺ったのは、ちょうど甲状腺エコー検査の日だった。病院に併設するホールを使い、医師が一人三〇分ほどかけて検査を行う。甲状腺の画像を渡し、客観的かつ丁寧に説明をしていく。待合室では石鹸をつくるワークショップが行われており、ゆったりとした時間が流れていた。鈴木さんは子どもに「語らせる」ことの問題点について、教えてくれた。

「事故から数ヵ月後、福島に来たベラルーシの専門家から、「子どもたちにマイクを向けてはいけない」と言われたんだよ。それが私の活動の原点の一つなんだ。そんなに繊細な問題なんだって知ったんだよ」

その専門家によれば、チェルノブイリ事故直後、一部の子どもたちが数年後に葛藤を持ち、外に出られないほど苦しんだという。そのエピソードを聞くまで、鈴木さんの胸は怒りと焦り

でいっぱいだった。怒ることが当然の状況だと思っていた。しかしそのとき、自分が「もっと怒るべきだ」というメッセージを周囲や子どもたちに与えて、コントロールする危険性に気づいたという。

子どもは、親や大人、国が求めることを話してしまう。大人の笑顔が見たいから。その認識のもと、鈴木さんたちは、子どもたちが「経験」をかみ砕くことを待った。事故から六年経ってやっと、何がおかしかったか、何が矛盾か、子どもだけではなく大人の心の中でも言葉を結ぶようになった。最初は「仕方ないよね」と言っていた人も、自分は何が嫌だったのかを表現できるようになった。

そして二〇一六年、同団体は「U235の少年たち」という演劇を上演した。中心となったのは福島の一〇代から二〇代の若者たち。脚本・演出は震災当時一〇代だった大野沙亜耶《さあや》さんが行った。そこでは、戦時中に石川町（福島県石川郡）で行われていたウラン採掘と、現在の福島で起きた原発事故をつなぐストーリーが描かれた。

「ラストシーンで、演者が口々に言っているのは、震災当時抱いていた気持ちなんだ。それぞれ自分で書き出して、矛盾してていいから、そのままを表現したんだ」

二〇一八年一月には、演劇プロジェクト第二弾『天福ノ島』が、自由民権運動[90]の地である三春町（福島県田村郡）で行われた。舞台が設置された再生古民家の中は熱気が渦巻いていた。三春藩士で東北自由民権運動を牽引した人物として知られる河野広中《こうのひろなか》。その甥である河野広《ひろ》躰《み》を主役に、若き民権運動家たちの姿と、運動に対する過酷な弾圧を描いた。万人には生まれつき持つ「権利」があるにもかかわらず、それらは世間や伝統の鎖に縛られている。権利は目に見えない。「目に見えないものは奪われていることに気づかない。金や物を盗られたら誰でも怒るけど、天賦の権利を奪われていることにはいっこうに気がつかない」と。福島の過去と現在を行き来しながら、「自由」とは何か「権利」とは何かが、舞踏を交えて描かれた。

最前列に座る私の横には四人の小学生がいた。観劇後、一人の男の子が、決起に参加しなかった民権家について、「なんであの人は逃げたの？」と隣の子に尋ねていた。質問された子は身ぶりをまじえて懸命に自分の言葉で説明していた。「権利」を求めて抑圧される志士たちが、彼らの目にはどう映ったのだろうか。伸びやかに語りはじめた福島の若者から、その下の世代に伝わっていくものを感じた。

鈴木さん自身が中高生だったとき、よく覚えている大人との会話があるという。殺人事件のニュースが流れたとき「ああ、ひどいことすんね」と祖父母が言った。それに対して「でも戦争って人殺すじゃん」と返すと、戦中に育った祖父母が「戦争は国のためじゃ」と怒った。その命とこの命。何が違うのだろうと素朴な疑問を持った。それから、社会の構造の中にある「暴力」に関心を持つようになり、それは事故後の姿勢にもつながっているという。

鈴木さんは、事故以前からダンスチーム「遊舞炎舞」の代表として、子どもたちと向き合ってきた。言葉で表現するのが苦手な子どもにも、踊りには嘘がないよう誠心誠意こめて踊ることを教えてきた。コミュニケーションするうえでも、子どもの考えを否定しない。たとえば戦争にまつわるものが好きな子にも「どういうところが好きか」質問する。答えを聞いて、「まあ、いいんじゃね。でも戦争がどういうもんか、ちゃんとよく見とけよ」と伝える。

子どもが「語る」ことは尊重しなければならない。子どもの権利を守ることが大人の責任でもある。しかし一方で、大人と子どもに力の不均衡がある以上、子どもに「語らせる」ことには十分な配慮が必要だ。鈴木さんが教えてくれたこの三点を踏まえながら、保養に参加した子どもたちのインタビューを見ていこう。

次は世界へ

第1章で取り上げた、震災前の記憶がないという佐藤すずさん（仮名・中学生）は、保養の思い出についてこう語る。

「小学校一年から二年のときは校庭での授業も減ったし、震災が起きて一、二年は福島のほうでは友達と外で全然遊べませんでした。だから保養先で思いっきり遊べただけでなんだか楽しかったです。初めて海に入ったのも保養キャンプで、ミズクラゲを手づかみする子がいたのを覚えています。いろんな地域から子どもが来ていて、初日は心細かったけど、あとは全然大丈夫でした」

「保養に行って嫌な思いをしたことはありませんか」という問いにはこう答えた。

「んー、嫌だったことは、とくにないです。保養に行くために二日間部活を休んだことはあったけど、周りの友達にも保養に行っていることは言ってたし、苦にはなりませんでした。保養先で「福島は危険」みたいなことも言われたことはありません。保養に参加しているときは、スタッフの人たちがお父さんやお母さんみたいでした。優しいし面白いお兄さんやお姉さんが多かったです。保養で知らない人と過ごすのでコミュニケーション能力は上がりましたね」

自宅のテーブルで、すずさんはふふっと笑った。

「保養先で知り合った友達で、そのあと避難した子とも今でも手紙でやりとりしています。すごく元気そうで、よかったなと思います」

中通りに住むすずさんは、アイドルグループ「Hey! Say! JUMP」が好きな明るい中学生に育った。

「震災のときは、家や学校であれしちゃだめ、これしちゃだめと言われて、なんでダメなのかも分かりませんでした。小学校高学年くらいになって、自分で調べたりお母さんに教えてもらったりして、いまは何が起きたのかを消化しています。もう震災が嫌な思い出ではないです」

台所では、すずさんのお母さんとお父さんがご飯をつくっていて、コロッケの良い香りが漂ってきた。将来の夢を聞くとこう返ってきた。

「中学校の先生になりたいです。保養に会ったスタッフたちが親しみやすかったから、そういう人を目指したいなって。ふだん接している先生とは違って、上下じゃなくてナナメな関係というか、そういうのが良かったです」

すずさんは最近の変化についてこう語った。

「この七年間で変わったことは、震災に対する思いが強くなったことです。事故でこんなに環境が変わってしまうんだということに驚きました。将来学校の先生になったときに、自分の経験や保養で経験したことを子どもたちに話したい」

思わず「私が保養関係者だからお世辞ではなくて？」と質問すると、「ううん、ほんとなんです」と首をふった。

「もともと福島県外にほとんど親戚がいなくて、保養を通じて全国に知り合いができてうれしかったっていうか。保養はほんとイイ活動だから、ぜひ続けていってほしいです。震災前の福島には完全には戻っていないので、七年経って放射能の不安が全くなくなっているわけではないので。もうちょっと大きくなったら私もスタッフとして保養に参加したいです」

すずさんは料理が運ばれてくるのを手伝いながらこう締めくくった。

「次は海外の保養に行ってみようと思っています。ドイツで再生可能エネルギーとか、オーストラリアでアボリジニーのウラン採掘とかについて学習できる保養があって、そこにもいつか行ってみたいです」

すずさんの世界は、保養を通して広がっていく。

第二の故郷

「体育の授業のときにいきなり揺れがきて、みんなで避難したんです。泣いていた子がいたのも覚えています」

福島市に住む菅野達樹さん（仮名・一九歳）はこう語る。

「家に帰ったら皿も割れてたし。風呂もいっとき使えなかったです。でもうちの地震の被害は最小限でした」

しかし震災の翌日、家族の中に緊張が走った。

「原発が危ないらしいというニュースを観て、父親が「爆発したら広範囲に放射性物質がまき散らされるな」と言ったのを覚えています。そのとき、引っ越さなきゃいけなくなるのかなと思いました。本当に爆発して、僕は小六だったんですけど卒業式がなくなりました。中学生になってクラスメイトが二、三人避難しました。避難とははっきり言わないんだけど急に引っ越していきました」

菅野さんが、離島で行われる保養に初めて出かけたのは、二〇一二年夏のことだった。

「親に勧められて一人で参加しました。内心面倒くさかったけど、フェリーに乗れるのが初めてで行ってみたくて。みんなでかまどに薪をくべて田舎暮らしをするような保養だったんですけど、初日は馴染めなかったです。でもプログラムの後半になったらめっちゃ楽しくなってきて、最終日までずっと外で遊んでました。いま思うと、そのとき福島でめいっぱい遊べなかったんだと思います。小学生から高校生まで参加してて、島の人たちもみんな優しくて。関西からわざわざ来ていたボランティアの大学生たちもフレンドリーでした。違う文化にふれて自分も変わったっていうか」

菅野さんはおしゃれで年相応の男の子だ。恥ずかしそうな表情をしながらこう語った。

「家に帰ってきてすぐに、いや帰るフェリーの中で、また夏に絶対行こうと思いました」

それから菅野さんは離島の保養に毎年参加するようになる。それまで人と接するのが好きではなかったが、徐々に好きになっていったという。中学三年生からは、子どもを見守る側のボランティアスタッフになった。

「子どもをみるときに難しいのは、どこまでさせていいのかというところですね。暴力的なこととかは止めるけど、基本的に僕はあまり注意しないようにしてます。プログラムの中で、子どもが他の子に譲るようになったりとかすると、成長が感じられるというか」

菅野さんが参加した保養では、最終日に震災の体験を話す機会があるという。

「震災で大変だったこと、良かったこと、何が変わったかを自由に話します」

私が驚いて「それって嫌じゃなかったですか」と質問すると、「僕は良い企画かなと。学校とかで言う機会がなかったし。それぞれの家とか人によって考え方が違うので、友達の間でもタブーというか、原発事故については一切話さないんですよ。保養の中で話してみると、意外と子どもも思い思いのことを言うんです。小さな赤ちゃんを抱いた保護者の人たちが涙を流しながら話しているのを見て、「苦労してたんだな」と思いました」と答えた。

その保養は、福島の当事者が運営の中心だからこそできるのかもしれないと思った。菅野さんは震災後のいやな思い出はとくにないという。「両親の考えが一致していたというのも影響してるかも」とつけ加えた。

「僕はあまり学校が好きじゃなかったんですけど、保養はいろんな年代の子がいるし変なルールもなくて。大人も「否定から入らない。まずは子どもの言うことをぜんぶ聞いて一緒に考える」というスタンスでいてくれたから、好きになったんだと思います」

保養の運営にかかわったり、島の暮らしに入っていく中で、摩擦が起きたこともあったという。そういうときも両親は「自分で決めな」と言ってくれた。今でも保養のボランティアに参加している。

「僕がボランティアを続けるのも、やっぱり楽しいというのが大きいですね。保養の意味があるとしたら今、目の前でこの子がこうやって楽しんでる。それを全力でもっと楽しい方向に持っていくのが大事というか。うまく言えないんですけど。あと、待っていてくれる人がいるというか、本気で向き合ってくれる人がいるというか。子どもって大人を試すじゃないですか。この人はどこまでだったら許してくれるかとか、どこまで話していいとか。僕も大人を試していて、それでこの島は安心できると感じたんだと思います。僕もいま子どもと接してるときに、自分が試されてるなと思います。飽きっぽい僕がこんなにハマるなんて、このキャンプは言葉では言い表せないんだけどなんか深いんです」

最後に、菅野さんにとって保養に行く島はどんな存在か聞いてみた。

「第二の故郷ですね。福島も大好きだし、どっちも大事な場所です」

大人の責任

中通りに住む原田翔さん（仮名・中学生）は、リフレッシュ・キャンプでつらい体験をしたことがある。二〇一二年、初めて行ったキャンプでのことだった。

「スタッフの大人に対して子どもの人数が多くて。いじめを受けたんだけど誰も対応してくれなくて」

翔さんは中通りの自宅でぽつりぽつりと話してくれた。

「そのキャンプは、保養というよりもかわいそうな福島の子どもたちのためにやってあげているというスタンスでした」と母親の原田真由美さん（仮名）は語る。

「とにかく子どもも保護者もお礼を言ったり書いたりすることを求められたのが印象的でした」

本書に掲載した以外にも子どもたちの保養経験を聞いていて気づいたのだが、「原発事故」を社会や大人の責任と感じて保養を開催している団体と、かわいそうという気持ちで開催している団体とでは、実は前者のほうがトラブルが少ない。言葉を選びながら翔さんはこう続けた。

「人によって違うんだろうけど、僕の場合は、原発事故や放射性物質が拡散したっていう現実と向き合ってくれる大人のほうが楽です」

最初に参加したリフレッシュ・キャンプで心の傷を受けた翔さんは、次の年からは少人数の保養に参加するようになる。とくに参加者一人ひとりのペースに合わせてくれる保養が好きだという。

「原発事故がなかったら、僕は保養に行かなかった。でも、そのおかげで新しい道を見つけた。小六のときに保養のスタッフさんが持っている自然農の畑を見せてもらって感動したんですよ。虫と共存している畑がほんと美しかったんです。豊かだった。そのとき、僕は対人関係も苦手だし将来農家になりたいって人生の目標ができました」

母の真由美さんによれば、保養に熱心に行きはじめたきっかけはガラスバッジだったという。二〇一一年秋、自治体によってガラスバッジが配られた。測定結果として知らされたのは、三ヵ月で外部被ばくの積算線量〇・八ミリシーベルト。一年間に換算すると三・二ミリシーベルトであり、自治体が公開している分布を確認すると、上位一・一％に入っている。自治体の資料では、自然放射線を引いた追加被ばくの平均値が〇・二六ミリシーベルトと発表されており、自治体から特別な説明はなかった。しかし、真由美さんにとっては自分の目の前にいる子どもの被ばく量が高いことが重要で、全体の「平均値」がどの程度であるかは関係がなかった。そしてその結果に家族で大きなショックを受けた。

「事故のとき家の真後ろに山があったので、そのせいだと思い、すぐに引っ越しました」

それから外部被ばくも内部被ばくも取り戻そうと二人の子どもを保養に出しはじめた。最初のキャンプでは悲しい目にもあったが、翔さんは今では毎年保養に行くのを楽しみにしている。

「身体の障害がある人もスタッフとして参加してくれてる保養があって、自分も大変そうなのにがんばって僕たちのことをみてくれてるのが一番心に残ってます。農業したいならこういう進路もあるよと皆が教えてくれたり。正直に言うと、これって変なつながりだと感じます。いや、面白いつながりかな。学校では会えない、いろんな人に会えて経験が残った。保養に行きはじめたからかな？　反抗期がなくなって、やけに親と喧嘩しなくなって家族全員で正直に話せるようになった。保養先でできた友達とも連絡を取って、また会おうなって話したりしてます」

どういう大人になりたいですか、と質問したとき翔さんはこう答えた。

「次こういう事故が起きたら、自分で保養を主催できる人になりたい。いま保養をやってくれる人に続きたい。「守んなきゃいけないもんは守んなきゃいけないんだ」って行動したい」

あまりにも保養に肯定的な意見を言ってくれるので「私が誘導したと思われちゃうかも」とこぼすと、「嘘じゃないよ」と翔さんは憤慨した。

「嘘だと思う人は、実際に僕たちと同じ体験をしてみればいい。そしたら僕たちのつらさが分かるし、保養を開催してくれた人のありがたさが分かるよ」

翔さんはまぶしいほどに正直で、大人の欺瞞《ぎまん》にも厳しい。学校で放射線教育を受けたとき、外部から来た専門家は「すごく基本的なこと」か「事故前から宇宙からの放射線などもあるから安全です」としか教えてくれなかった。翔さんは手を挙げて「実際に自分たちの体にどういう影響があるか、最初に被ばくしたのはどう取り戻せるか」と質問した。しかしその場ではぐらかされて、「いまは時間がないからメールアドレスを教えるからあとで話そう」と返された。しかし結局その専門家はメールアドレスを教えてくれなかった。そのとき「この大人は信用できない」と思ったという。そのエピソードを聞いて、私自身もそういう対応をしてしまうことがないだろうかと反省した。

震災後に良かったことは、国が指定した区域から避難してきた子と親友になれたことだと、翔さんは楽しそうに語った。

「ほんとに親友っていうか、保養に行ってることもそいつには伝えてる。ときどき住んでいたところに帰ったりしてるみたい。お互い違う境遇だけど、そいつとは何でも話せるし、出会えて良かったです」

最後に翔さんは握りこぶしをぎゅっとして、こう結んだ。

「こういう経験をするのが僕たちでストップするように。二度と起きないように、僕が大人になってても子どもたちに伝え続けていきたい」

震災当時に小学校低学年だった人が、すでに自分が大人になったときの責任について考えている。そのことにとても希望を感じたと同時に、すでに大人になっている者として恥ずかしさを持った。危機的な状況になればなるほど、私たち大人は「理想の子ども」を探してしまう。実際に、私が接してきた福島の子どもたちは自分の考えがしっかりしていて、将来立派な大人になるだろうと予感させる人が多かった。しかしときどき「そんなに立派な大人にならなくてもいいんだけどね」と保養支援者同士で話すこともある。大人の期待に応えないでよいし、一人ひとりが自分の好きなように生きてほしい。

一方で、社会の矛盾や地域の分断を目にしたことを消化しきれていない感受性の強い子どもや子どもだった人もいると思う。今回インタビューをした支援者や専門家の多くが「子どもたちには、あなたのせいではないというメッセージをくりかえし発していきたい」と言っていたが、それは事故当時大人だった人の一つの責任だと私は考えている。

子どもの権利を守ることが大人の責任なのである。子どもの権利を脅かすことを大人がしてはいけない。子どもたちの話を聞かせてもらいながら、大人が起こしたことの解決を子どもに託す前に、まずは大人が責任を全うしなければならないと思った。

大人になった「子ども」

一九八六年五月一日。二歳のサンドロヴィッチ・ティムールさんと母親のナタリアさんは、キエフ中心部の広場でメーデーのパレードに参加していた。当時、原発事故に関しては、「小さなトラブルが起きた。状況はコントロールされている」と報じられていた。ティムールさんは五月九日に祝われる、第二次世界大戦の「勝利の日」の後、喉の具合が悪くなった。外来病院の医師の指導で甲状腺を守るためのヨウ素剤を三滴ずつ服用し、外出は可能な限り控えたほうがよいと言われた。それからジャーナリストであるナタリアさんの上司から「とにかくキエフから離れたほうがいい」と電話があり、翌一〇日に三〇〇㎞離れたハリコフ市に母子で避難した。二週間過ごしたあとナタリアさんは仕事のためキエフに戻らざるを得ず、ティムールさんはその後も祖母とともに過ごし、オデッサ市のサナトリウムに二ヵ月間滞在。七月にキエフに戻り、キエフ州ブロワリ市で過ごした。

「これはあくまで私個人の体験です」

京都の喫茶店でティムールさんはそう何度も前置きした。ウクライナでは事故後に毎年健康診断と甲状腺検査が行われていた。ティムールさんは子どものとき甲状腺の数値が悪くなったこともあったが、成長とともに正常に戻った。小学校一年生から三年間、健康増進のためにイタリアおよびドイツに渡り、NGOの資金でそれぞれ三週間程度滞在した。

ティムールさんは日本語学科で日本語を学び、留学を経て二〇〇八年から京都大学で研究をしている。そして二〇一一年三月、海を越えてやってきたその日本で原発事故が起きた。

「チェルノブイリであんなに大きな事故があって被害もあったのに、こんなに発達した民主国家でも同じようなことが起きるのかと愕然としました。人類は理性を持っているけど何も学んでいないのだと感じました」

日本にいるウクライナ人としてできることがあるのではないかと考えていた二〇一二年四月、ウクライナとベラルーシの科学者、医師の講演会が日本で行われることになった。ティムールさんはウクライナ語とロシア語の能力を生かして、ボランティアで通訳をすることにした。大学なども含めて北海道から広島まで全国一一ヵ所を回った。福島のお母さんたちとも交流した。

「ウクライナでは保養はごく当たり前のことで、原因に限らず定期的に保養する必要があるという感覚でした。事故の影響について意見が異なり激しく議論を戦わせていたウクライナとベラルーシの専門家が二人とも、「保養に子どもたちを行かせるべきだ」という点では一致していました。ウクライナ、ベラルーシ、ロシアで「チェルノブイリ法」がつくられたとき基盤になったのは、「いかに事故被災者を救済できるか」[91]という点でした。しかし年金受給の早期開始などのウクライナの法律に定められた手厚い支援策と、実際の受給状況にはギャップがあります。ウクライナでは、現在チェルノブイリ支援策の十数%しか政府の予算案に組み込まれていません。独立後に財政状況が悪化したためです。しかしそれでも、被災者向けに保養は良いことというのは国の共通認識で、目標に到達できなくとも続いているというのは確かです」

チェルノブイリ原発事故から五年弱経った一九九一年二月、ウクライナ共和国最高議会は、「チェルノブイリ事故が起きた八六年生まれの子どもたちを基準として、チェルノブイリ原発事故と関連した追加被ばく量の実効線量当量が年間で一ミリシーベルト、生涯で七〇ミリシーベルトを超えてはいけない」という決議を行っている。

喫茶店の喧噪の中で、ティムールさんはそっと耳を澄ませた。それから子どものときに右耳が聴こえなくなり、三年前から左耳の聴力も下がって補聴器をつけていることを教えてくれた。

「事故とは全く関係ないかもしれないけど、ウクライナとベラルーシの専門家たちの議論を聞いていたら、自分の体のこともひょっとしたら関係があるかもしれないとも思いました。事故が起きて、そのように自分の健康に不安を持たされたこと自体が被害なのだと思います」

二〇一七年夏、ティムールさんは娘が生まれ父親になった。「お母さんが一時避難したりして守ろうとしてくれたことはどう思いますか」と質問すると、ティムールさんは「当然嬉しいことですよ。なぜですか」と質問自体の意味が分からないといった様子で不思議そうに尋ねた。「いえ、日本では子どもを守ろうとした母親がカルト化していると言われたり、守ろうとする行為が地域から浮いてしまって子どもが嫌がったりするケースがあったので」

私が言い訳のように伝えると、ティムールさんは困ったような顔で答えた。

「子どもを守ろうとする行為は何もおかしいことじゃないですよ。私自身も自分たちの子どもが生まれてから、娘が安全な社会で生きてほしいとより強く思うようになりました」

事故当時二〇代半ばだった、ティムールさんの母親ナタリアさんは、お母さんたち向けにメッセージを寄せてくれた。

「子どもたちの健康のために、必要があれば活動してください。ウクライナではMama-86という有名な組織が、子どもの保養のために多くの対策を実施し、子どもに対する質の高い水や汚染されていない食品の提供も行いました。今後、お母さんたちが団結して国に対し何かを要求することも、場合によっては必要になるかもしれません」

ティムールさんご自身も、子ども向けのコメントで締めくくった。

「福島やその周辺の子どもたちに伝えたいのは、いろんな情報がある中で、自分で調べて自分で考えてほしいということです。被ばくの人体への影響にはさまざまな立場があります。べラルーシとウクライナの科学者や医師でも意見が大きく分かれて、日本での講演の合間も白熱した議論が絶えませんでした。この人が有名だから真実と信じるだけではなく、自分の納得いく考え方をつくり出してください。そして原発事故に限らず、自分の価値観そのものをつくっていってほしいです」

それから「自分も同じ体験をして福島やその周辺の子どもたちの気持ちが分かるからこそ、そういう風に伝えたいです」とティムールさんはつけ加えた。

ここではウクライナの方を取り上げたが、最も汚染が深刻だったベラルーシで事故の影響を受けた子どもたちも成長し母親となっている。そして民間団体を通して福島の母親と交流するといったケースも増えてきている。こういった経験の共有が重要なのは、自分が経験したことは「社会の構造的な問題」なのだと確認することで、自分を責めている母親や子どもの心理的負担を減らすことである。もちろん福島第一原発事故とチェルノブイリ事故の違いを理解したうえでの交流でなければ不安を強める可能性もあるが、経験者と語り合うことで「前向きさ」を学ぶことのほうが多いようだ。

事故直後、保護者に「土に触ってはいけない」と言われたことを、自分が悪い子だから怒られたのだと内面化している子どもに出会ったことがある。もしかしたらそういう気持ちを持ったまま育った子どももいるかもしれない。原発事故のときに大人であった者として、それはあなたのせいでも親のせいでもないときちんと伝えたい。

避難した結果、同級生を置いてきたことに苦しんでいた子どもも何人か知っている。それが親との亀裂になってしまったケースもあるが、避難が子どものことを思ってのことだったことはきちんと残しておきたい。同時に、被ばく回避行動をしなかった親が、子どもを大切にしていなかったというわけでももちろんない。それぞれの事情や環境の中で、それぞれの人に人生の課題がある。原発事故は、その人生の課題に追加で「重い課題」を個々人の肩に乗せたのである。それは本来は必要のない「不当な」負担だった。

新しい「支援」「選択肢」の意義

ここまで読んでいただいて、原発事故という目に見えない災害の下で、失われたものや損なわれたものがあったことをご理解いただけただろうか。これから時間をかけてそれらが回復していくのだとしても、やはりこの七年間ただ見過ごしていたのが正解だったとは私は思わない。保養支援をしようとすることが、一つの「判断」だとすれば、見過ごすと決めることもまたもう一つの「判断」だったのではないだろうか。

原発事故は起きた。「問題ない」「リスクはない」「安全だ」とくりかえし言われるけれど、事故自体は現実として起きたのだ。どの程度のリスクなのかは、科学的議論や裁判を通して時間をかけて明らかにされていくだろう。しかし、新しい災害・公害が起きたとき、失われたものや損なわれたものを補助する新しい支援が必要だと私は考える。また、インタビューからも「選択肢」があることそのものが、この七年間、当事者にとって大切だったことが明らかになっている。

同時に、追加被ばくのリスクについて考えない自由も権利も当然存在する。しかしながら、追加被ばくのリスクを避けたいと願う保護者が「風評被害や差別を生む」と抑圧されそうになったことは、きちんと記録に残したい。数十年経ったときに、より冷静な議論がなされるのではないだろうか。原発事故が起きたとき、保養に出たことがなぜ摩擦を生み出したのか。どのように社会が緊張していたのか、どのような社会構造がそこにはあったのか。これらの問いは、セシウム137の半減期が過ぎ、環境の回復や新しい科学技術によるエネルギー転換のあとに、利害関係ぬきにして考察されうるだろう。

本書で紹介した以外にも、「また別のところで原発事故が起きたら、自分たちが被災者を受け入れたい」と言ってくれる子どもたちが大勢いた。それを聞きながら、私自身もいつか災害や公害にあって、彼女たち彼たちに助けてもらうのだろうと思った。いま目の前にある不平等を是正することは「支援」ではなく、「相互扶助」なのではないだろうか。『災害ユートピア』の著者であるレベッカ・ソルニットは、災害のときに二次被害を出さないために、社会的な分裂や不公正なシステム（災害以前に存在する「毎日の災害」）を正していく必要を論じている。

自分の人生の責任は自分で取らなければならない。それぞれに人生の課題がある。しかし原発事故といった大規模な公害は、社会の責任や課題をきちんと解決してこなかったことによって、一部の人が「不当に」不利益を被ったものである。原発事故は自然災害ではなく、責任の主体が存在する。そうした不利益を生み出す構造を是正することが必要だろう。そうしなければ、社会は目の前にある不平等に慣れてしまい、「この地域は相対的に汚染されていたり、困っている人がいて当たり前」と不平等が固定化されてしまう。

私たち一人ひとりは「不当に」傷つけられない権利を持っている。保養支援者の語りの中でも、9・11、東海村JCO事故、水俣病など、「不当に」傷つけられた、傷つけられそうになった経験を持った人たちが、福島への共感を持ち保養支援を続けているケースも見られた。私が所属した支援団体で運営スタッフの半分が、母子家庭で育った女性だったこともあった。そこでは、子育ての責任が母親だけに押しつけられる社会への違和感が、支援活動の一つの動機になっていた。ある中通りのお母さんが、「「夜道を歩くのが怖い。傷つけられるかもしれない」と感じたことのない屈強な男の人には、見えないものを怖いと思う私たちの気持ちは分からない」とぽつりとこぼしたこともあった。

「保養」がこれからも必要かどうかは、また改めて議論が必要だ。確かに言えることとしては、ベラルーシやウクライナでは、保養は今も国費で続いている。日本でも、七年経った現在も保養はニーズがある。

この本の冒頭で、妊婦さんが指さして教えてくれた権利のかけら、「なぜベネフィットなきリスクを受け入れて耐えなければならないのか」という問いを、保養に留まらず、ぜひもう一度語り合ってほしい。

注

1 小森田秋夫訳「チェルノブィリ原子力発電所における大災害の結果として放射線の影響を被った市民の社会的保護についての法律」（http://ruseel.world.coocan.jp/Chernobyllaw.htm　二〇一八年二月二八日アクセス）。Электронный фонд правовой и нормативно-технической документации, О социальной защите граждан, подвергшихся воздействию радиации вследствие катастрофы на Чернобыльской АЭС (в редакции Закона РФ от 18.06.1992 N 3061-1) (с изменениями на 16 марта 2018 года). (http://docs.cntd.ru/document/9034360　二〇一八年四月二一日アクセス)。上記二点の比較を行った。また、福島第一原発事故以前から、ベラルーシの保養活動にかかわる複数の支援者・通訳者に確認を行った。

2 以下は、ふくしま復興ステーション「空間線量モニタリング結果情報」（http://www.pref.fukushima.lg. jp/site/portal/ps-kukan-monitoring.html　二〇一八年二月二六日アクセス）、福島県「過去の放射線モニタリング結果」（http://www.pref.fukushima.lg.jp/sec/16025d/kako-monitoring.html　二〇一八年二月二六日アクセス）、福島市「平成24年3月までの推定積算線量が10ミリシーベルト以上と予測された場所（文部科学省公表）の環境放射線量測定値」（https://www.city.fukushima.fukushima.jp/kankyo-houshasen/bosai/bosaikiki/shinsai/hoshano/sokute/shinaisokute/documents/4-20180319.pdf　二〇一八年二月二六日アクセス）を参照。

3 OurPlanet-TV「渡利の子どもの避難を求め、政府交渉」（http://www.ourplanet-tv.org/?q=node/1261　二〇一八年二月二七日アクセス）。

4 以下は、福島民報「特定避難勧奨地点追加対応遅くあきれ顔　「今更言われても」　子ども、既に自主避難」二〇一一年一一月二六日（http://www.minpo.jp/pub/topics/jishin2011/2011/11/post_2579.html　二〇一八年三月一五日アクセス）、特定非営利活動法人情報公開クリアリングハウス「特定避難勧奨地点の指定・解除に関する文書」二〇一四年一二月二九日（https://clearing-house.org/?p=983　二〇一八年三月一五日アクセス）を参照。

5 朝日新聞「「自主避難者」震災統計から除外　避難継続、疑問の声も」二〇一七年八月二八日（https://www.asahi.com/articles/ASK876DSTK87UTNB00S.html 二〇一八年三月二三日アクセス）。

6 社団法人日本医師会「文部科学省「福島県内の学校・校庭等の利用判断における暫定的な考え方」に

対する日本医師会の見解」（二〇一一年五月一二日）より引用（http://dl.med.or.jp/dl-med/teireikaiken/20110512_31.pdf 二〇一八年二月二七日アクセス）。

7 環境省「除染とは何か?」（http://josen.env.go.jp/about/method_necessity/decontamination.html 二〇一八年二月二六日アクセス）。

8 チェルノブイリ原発事故被災者に対する社会的保護に関するベラルーシ共和国の法律。

9 広河隆一（写真）、ヴャチェスラフ・マクシンスキー（講演）「特集 チェルノブイリ原発事故後の実践例に学ぶ 子どもを守る方法」『DAYS JAPAN』二〇一三年二月号、デイズジャパン。

10 ベラルーシの移住者団体の方のお話によると、事故直後は、①サナトリウム（治療もできる施設）、②休息の家（ふだんは治療施設ではないが、汚染地の子どもが施設に行くときは、看護師も一緒に参加した）、③ピオネールキャンプの三つのカテゴリーの施設で受け入れが行われていた。

11 資料によっては九施設となっているものもある。

12 馬場朝子と尾松亮によれば、同じく汚染地域のウクライナでは第四ゾーン（三万七〇〇〇ベクレル／㎡以上で一八万ベクレル／㎡以下）以上の汚染のある区域では、サナトリウムなどの保養施設への資金投入が禁止されている（『原発事故 国家はどう責任を負ったか——ウクライナとチェルノブイリ法』東洋書店新社、二〇一六年、一四七頁）。

13 ベラルーシ共和国非常事態省チェルノブイリ原発事故被害対策局編『チェルノブイリ原発事故 ベラルーシ政府報告書［最新版］』日本ベラルーシ友好協会監訳、産学社、二〇一三年、参照。

14 朝日新聞「イメージと違った保養施設」二〇一七年七月二八日（http://www.asahi.com/area/fukushima/articles/MTW20170728071700001.html 二〇一八年四月二二日アクセス）より引用。

15 服部倫卓・越野剛編著『ベラルーシを知るための50章』明石書店、二〇一七年、二六六―二六七頁。

16 サンドロヴィッチ・ティムール「ウクライナにおける信頼性の喪失の問題——現代ウクライナの国民は何を信頼しているのか?」『トランジショナルな社会における親密権・公共圏の再編成から学ぶ——ハンガリー・ウクライナ・ポーランド・スロバキア・中国を事例として』京都大学文学研究科グローバルCOEプログラム「親密圏と公共圏の再編成を目指すアジア拠点」次世代ユニットワーキングペーパー第八二号、二〇一二年。

17 ベラルーシ政府報告書ではベラルーシ大使が、「二〇一二年の夏に福島と仙台の子どもたちのグループがベラルーシのリハビリ・健康増進センターでリハビリを受けました。これはベラルーシ政府の招待によるもので、交通費を含む費用をすべて政府が負担して行いました」と述べている。また、在ベラルーシ日本大使は、「二〇一二年以降、ベラルーシ政府のご招待を受け、福島県と宮城県より、学童のグループがベラルーシでの夏の保養に訪れています。健康上の効果はもとより、ベラルーシの同世代と交流した経験は参加者にとってかけがえのない思い出となっています」と、二〇一六年五月にベラルーシへの御礼のメッセージを掲載している。

18　リフレッシュサポート『保養実態調査――調査結果報告書』二〇一六年（http://www.311ukeire.net/img/chousa.pdf）。リフレッシュサポート『第二回保養実態調査――調査結果報告書』二〇一八年（リフレッシュサポートウェブサイト https://refreshsupport.wordpress.com/ で公開）。

19　マリアン・デレオ監督、二〇〇三年。二〇〇四年にアカデミー短編ドキュメンタリー映画賞受賞。

20　今中哲二・飯舘村初期被曝評価プロジェクト「飯舘村住民の初期外部被曝量の見積もり」『科学』二〇一四年三月号、岩波書店。

21　ロシアもブリヤンスク州などでの汚染が深刻だった。現在ロシアの保養のほとんどは、補助制度のもと民間団体が担う。ノボ・キャンプの場合、全チケットの三分の二を、地方自治体であるブリヤンスク州が買い上げる。州は貧しい家庭の子どもや、障害がある子どもに無償で配る。それ以外の子どもたちは自己負担がある。

22　NHKスペシャル『メルトダウン』取材班『福島第一原発1号機冷却「失敗の本質」』講談社、二〇一七年、参照。

23　プロジェクト終了後、一般社団法人ジェスペールとして六年間支援。

24　福島県立医科大学『福島県「県民健康調査」報告（平成23年度～25年度）』二〇一五年（http://fukushima-mimamori.jp/outline/report/media/report_h26.pdf 二〇一八年三月一六日アクセス）。

25　福島民報「産後うつ全国上回る　県民健康調査　精神的影響継続か」二〇一八年三月六日（http://www.minpo.jp/pub/topics/jishin2011/2018/03/post_15872.html 二〇一八年三月一六日アクセス）。

26　日本経済新聞「炉心溶融の公表遅れ「深く反省」東電社長が謝罪」二〇一六年六月二一日（https://www.nikkei.com/article/DGXLASDZ21HIH_R20C16A6000000/ 二〇一八年三月一六日アクセス）。

27　日本経済新聞「炉心溶融の隠蔽、官邸の指示否定　東電・新潟県の検証委」二〇一七年一二月二六日（https://www.nikkei.com/article/DGXMZO25077350W7A221C1000000/ 二〇一八年三月一六日アクセス）。

28　NHK NEWS WEB「福島県で屋外活動制限の公立学校なくなる」二〇一六年一月二九日（http://www3.nhk.or.jp/news/html/20160129/k10010389771000.html 二〇

一六年一月二九日アクセス)。

29 環境省「除染実施区域(市町村除染)の概要・進捗福島県福島市」二〇一八年二月末時点(http://josen.env.go.jp/zone/details/fukushima_fukushima.html 二〇一八年四月二三日アクセス)。

30 文部科学省「リフレッシュ・キャンプについて」(http://www.mext.go.jp/a_menu/sports/ikusei/taiken/1329029.htm 二〇一八年三月八日アクセス)。

31 国土技術研究センター「国土を知る/意外と知らない日本の国土」(http://www.jice.or.jp/knowledge/japan/commentary12 二〇一八年三月八日アクセス)。

32 二〇一七年夏の時点で、福島県内一八ヵ所の海水浴場のうち三ヵ所が再開している。毎日新聞「福島第１原発事故　いわき市、今夏海水浴場３ヵ所　薄磯も再開/福島」二〇一七年五月二五日(https://mainichi.jp/articles/20170525/ddl/k07/040/10000c 二〇一八年三月八日アクセス)。

33 二〇一五年時点でセシウム１３４が一キロ当たり一二七ベクレル、セシウム１３７が一キロ当たり九三ベクレル。「はかる、知る。奥多摩」(http://kodomira.com/HSF/report/tokyo/entry-12658.html 二〇一八年三月一八日アクセス)。

34 辻内琢也「原発事故がもたらした精神的被害——構造的暴力による社会的虐待」『科学』二〇一六年三月号、岩波書店。

35 福島県生活協同組合連合会・福島県ユニセフ協会・福島大学地域環境論研究室「福島の子ども保養プロジェクト活動五年レポート二〇一六年度」(http://fukushimakenren.sakura.ne.jp/wp-content/uploads/2012/07/148fd07b10ff0c043c25ba6cf13ec4e96.pdf 二〇一八年三月二三日アクセス)。

36 鈴木一正「福島原発事故による放射能からの保養プログラムの実施状況——二〇一六年夏休みと二〇一三年夏休みの比較」子どもと自然学会編『子どもと自然学会誌』第一二巻第二号、二〇一七年、九七-一〇五頁。

37 二〇一一年一二月に福島県いわき市議会が、「(仮称)原発事故被曝者援護法の制定を求める意見書」を満場一致で可決したことを先がけとし、それに応じる形で日本弁護士連合会等が意見書を公表。与党(民主党)と野党それぞれのワーキンググループにおいて、法案起草の初期から当事者団体や環境団体に対するヒアリングもなされたうえで一本化し、議員立法が行われた。

38 伊達市では二〇一二年度から「移動教室」を行い、同年一〇月には、伊達市の校長らが、東京の参院議員会館で開かれた集会に招かれ、初年度は伊達市で予算を組んだ「移動教室」を、国で予算化するよう求めた。移動教室は山形県河北町、岩手県遠野市、神奈川県川崎市などでも行われ、受け入れ先のＮＰ

Oも協力した。そのほか西郷村（福島県西白河郡）、川俣町（福島県伊達郡）でも、自治体独自の県内外汚染が低い土地でのリフレッシュ事業が行われた。川俣町では、北海道にあるNPOとの協働「キヨマップ プロジェクト（中学サッカー部交流保養）」も継続されている。川俣町教育委員会と北海道のNPOの共催事業として町内の小学校を一巡させる移動教室（保養を前提とする）五ヵ年計画も一五年度から実施されている。

39 新潟日報「放射線気にせず学んで」二〇一二年四月一〇日。見附市「2年ぶりの屋外プール授業　伊達市小学校移動教室」二〇一六年六月一八日（http://www.city.mitsuke.niigata.jp/6866.htm　二〇一八年三月一七日アクセス）。伊達市「移動教室フォーラムを開催」（http://www.city.fukushima-date.lg.jp/site/education/9835.html　二〇一八年四月二二日アクセス）。

40 朝日新聞「「移動教室にこそ予算を」福島・伊達の校長ら国に訴え」二〇一二年一〇月二〇日（http://www.asahi.com/special/10005/TKY201210190618.html　二〇一八年四月二二日アクセス）。

41 復興庁「子ども被災者支援法関連施策について」（http://www.reconstruction.go.jp/topics/main-cat2/kodomoH27yosan.pdf　二〇一八年三月二〇日アクセス）。文部科学省「被災地の子供たちに自然体験活動等の機会を提供する取組」（http://www.mext.go.jp/a_menu/sports/ikusei/1282647.htm　二〇一八年三月二〇日アクセス）。

42 『二〇一四年度夏の自然体験・交流活動実施に関する報告会報告書』311受入全国協議会、二〇一四年。

43 福島県教育庁社会教育課「ふくしまっ子自然体験・交流活動支援事業」（http://www.syakai.fks.ed.jp/project7/project7.html　二〇一八年四月二二日アクセス）。

44 私自身も、福島県内のサッカーチームの要望を受けて、東京都の保養支援団体とマッチングを行い、この補助金を使おうとしたことがあった。しかし日程の他に、責任の所在、申請や報告の複雑さ、自然体験活動を毎日行うことの難しさが障壁となり成立しなかった。

45 岩本由輝「近世陸奥中村藩における浄土真宗信徒移民の導入」『村落研究』第一七巻第二号、二〇一一年。

46 一九三六年、広田弘毅内閣が「満州農業移民二十ヶ年百万戸送出計画」を決定。一九三七年以降になると満蒙開拓青少年義勇軍が送出された。

47 一般社団法人満蒙開拓平和記念館『満蒙開拓平和記念館（図録）』二〇一七年。

48 一九四五年終戦時、日本政府は海外に住んでいた一般邦人を現地に留まらせる方針をとっている。

49 髙橋若菜・田口卓臣編『お母さんを支えつづけたい——原発避難と新潟の地域社会』（マイブックレット

№28）本の泉社、二〇一四年、参照。

50 集団訴訟とは、同一の事件について利害関係を共有する複数の人間が、同時に原告になって起こす民事裁判のことである。原発事故に関しては約三〇以上の裁判が行われており、原告は総勢一万二〇〇〇人を超える。

51 「平成二四年度福島県議会議員海外行政調査報告書（速報版）ウクライナ・ベラルーシ・フィンランド・ドイツ」（https://www.pref.fukushima.lg.jp/uploaded/attachment/35283.pdf 二〇一八年四月八日アクセス）。

52 以下は、Ｅｒｉｎ「「冷静に」なんてなりません！」（https://note.mu/erinadinfinitum/n/nbe3646e6835b 二〇一八年三月一八日アクセス）、およびNicole Dular, "Moral Testimony under Oppression," *Journal of Social Philosophy*, 2017 vol. 48, No.2, pp. 217-218; Angelique M. Davis & Rose Ernst, "Racial gaslighting," *POLITICS, GROUPS, AND IDENTITIES*, 2017（https://doi.org/10.1080/21565503.2017.1403934 二〇一八年四月二九日アクセス）を参照。

53 平川秀幸「子ども・被災者支援法の「意義」を掘り起こす――リスクガバナンスのデュープロセスともう一つの権利侵害」『科学』二〇一七年三月号、岩波書店、参照。

54 二〇〇〇年代の初頭に起きた、ＢＳＥ（牛海綿状脳症）に関する一連の出来事。

55 朝日新聞「放射性物質に不安、66％「感じる」 福島県民世論調査」二〇一八年三月三日（https://www.asahi.com/articles/ASL2V451NL2VUZPS003.html 二〇一八年三月二三日アクセス）。

56 胎児性水俣病については、有機水銀が胎盤を通して胎児に伝わることで起きたとされている。

57 除本理史『公害から福島を考える――地域の再生をめざして』岩波書店、二〇一六年、三－四頁。

58 四日市公害と環境未来館「四日市公害について」（http://www.city.yokkaichi.mie.jp/yk-ykkn/pollution_01_aramashi.html 二〇一八年四月二九日アクセス）。

59 宮本憲一監修、遠藤宏一・岡田知弘・除本理史編著『環境再生のまちづくり――四日市から考える政策提言』ミネルヴァ書房、二〇〇八年、二九五－二九七頁。

60 今井正之・大島秀彦・川岸富希子・吉田克己・北畠正義「四日市における公害認定患者の状況」『日本衛生学雑誌』第二六巻第四号、一九七一年一〇月（https://www.jstage.jst.go.jp/article/jjh1946/26/4/26_4_386/_pdf 二〇一八年四月四日アクセス）。

61 たとえば、福島大学うつくしまふくしま未来支援センターが行った「第二回双葉郡住民実態調査」（二〇一八年）では、調査単位が「世帯」となっている。その結果、回答者の性別は、「男性」が六七・二％、「女性」が二七・三％、「無回答・無効回答」が五・六％

と偏りがある。

62 すべての文化は優劣で比べるものではなく対等である、という思想。

63 Wilson Lowrey, "The Emergence and Development of News Factchecking Sites," *Journalism Studies*, vol. 18, issue 3, pp. 376-394.

64 Alexios Mantzaris, "Is It Time to Completely Rethink Fact-checking?" *Poynter*, 31 March 2017.（https://www.poynter.org/news/it-time-completely-rethink-fact-checking 二〇一八年三月一九日アクセス）。平和博「ファクトチェックの何がダメなのかを第一人者が指摘する」ハフィントンポスト日本版、二〇一七年四月三日（https://www.huffingtonpost.jp/kazuhiro-taira/fact-check-problem_b_15751074.html 二〇一八年三月二〇日アクセス）。

65 自治体によっても除染の状況が異なる。郡山市は比較的速やかに除染を済ませたが、福島市はゆっくり丁寧に除染したという評価もある。除染そのものに後ろ向きな自治体や、自然が広大で除染を一部諦める自治体も存在する。また、同じ自治体の中でもそもそもの汚染の高低がある。

66 文部科学省『東京電力株式会社福島第一、第二原子力発電所事故による原子力損害の範囲の判定等に関する中間指針』二〇一一年八月五日（http://www.mext.go.jp/b_menu/shingi/chousa/kaihatu/016/houkoku/__icsFiles/afieldfile/2011/08/17/1309452_1_2.pdf 二〇一八年三月二九日アクセス）、および河崎健一郎×荻上チキ「「被曝を避ける権利」を求めて」SYNODOS、二〇一四年三月三日（https://synodos.jp/fukkou/7263/4 二〇一八年三月二〇日アクセス）を参照。

67 東京新聞「老舗旅館「風評被害続いている」 いわき湯本、賠償打ち切りに悲鳴」二〇一八年三月三日（http://www.tokyo-np.co.jp/article/national/list/201803/CK2018030302000131.html 二〇一八年三月二九日アクセス）。

68 一般社団法人日本原子力産業協会「ベラルーシ・ウクライナにおけるチェルノブイリ事故後の復興状況調査結果について」二〇一二年二月（http://www.jaif.or.jp/ja/news/2012/jaif_chernobyl-report120210.pdf 二〇一八年三月二九日アクセス）。

69 前掲『ベラルーシを知るための50章』二三五－二五五頁。

70 事故後「風評被害を起こさないためにリスクを受け入れろ」という主張の中で、ドイツの社会学者ウルリヒ・ベックの議論がしばしば使われてきた。しかし、チェルノブイリ事故直後に出版された『危険社会』（一九八六年）の中でベックが言っているのは、これまでは実害のみに賠償が限られていたが、これからはリスクやその分配も社会的責任で対処していくべきだということである。彼はむしろ、リスクの確定に関する科学者の独占が終了したと主張しているのである。彼の議論は、決して当事者に「宿命としてリスクを受け入れろ」というものでもなければ、賠償の責任をあいまいにするものでもない。

71 葛尾村は、二〇一六年四月時点で、避難指示解除準備区域、居住制限区域、帰還困難区域に分かれていた。同年六月一二日に帰還困難区域を除いて、避難指示が解除された。

72 原発事故が起きた二〇一一年は、日本でTwitterやFacebookなどのＳＮＳが広がりはじめた時期でもあった。二〇一六年四月の熊本地震の際は、「ＳＮＳの情報で避難を思いとどまる傾向があり、近所の人による声掛けが避難行動を促す」ということが文科省の調査から分かっている。ＳＮＳは「人々にパニックを起こさせる」というのが原発事故後の定説だったが、「その土地にいない人」とリアルタイムでかかわることで、退避行動を抑制する役割を果たすこともあるのではないだろうか。日本経済新聞「ＳＮＳの情報で避難ためらう　熊本地震 住民に調査」二〇一七年七月二四日（https://www.nikkei.com/article/DGXLZO19170040U7A720C1000000/　二〇一八年四月二九日アクセス）。

73 追加被ばく回避の支援活動は男性保護者や単身者など、多様な方が参加しているが、相談者は圧倒的に母親（女性）が多い。

74 池田恵子「災害リスク削減のジェンダー主流化――バングラデシュの事例から」『ジェンダー研究』第一五号、二〇一二年。

75 Jill Filipovic, "Justice Ginsburg's Distant Dream of an All-female Supreme Court," *The Guardian*, 30 November 2012 （https://www.theguardian.com/commentisfree/2012/nov/30/justice-ginsburg-all-female-supreme-court　二〇一八年三月二〇日アクセス）。

76 産む・産まない選択と原発については、大橋由香子「しがらみ、なりゆき、あきらめの中での、一人ひとりの選択を大事にしたい」近藤和子・大橋由香子編『福島原発事故と女たち』梨の木舎、二〇一二年、も参照。

77 毎日新聞「旧優生保護法　強制不妊手術9歳にも　宮城、未成年半数超」二〇一八年一月三〇日（https://mainichi.jp/articles/20180130/k00/00m/040/126000　二〇一八年三月二五日アクセス）。詳しくは、優生手術に対する謝罪を求める会編『優生保護法が犯した罪』（増補新装版）現代書館、二〇一八年。

78 浦崎貞子「ジェンダーの視点から見る新潟水俣病――「妊娠規制」「授乳禁止」の検証と考察」『現代社会文化研究』第三四号、二〇〇五年、一〇七－一二三頁（http://dspace.lib.niigata-u.ac.jp/dspace/bitstream/10191/1084/1/18_0216.pdf　二〇一八年三月二八日アクセス)。

79 神奈川県「津久井やまゆり園再生基本構想」(http://www.pref.kanagawa.jp/uploaded/attachment/898509.pdf 二〇一八年三月二〇日アクセス)。

80 JDF被災地障がい者支援センターふくしま制作『証言集「3・11あの時の決断は……」本当の〝自己選択〟に翻弄され、その苦悩の中で闘い続けた『障がいを持つFukushima人』の苦悩』二〇一三年、参照。

81 「福島子ども健康プロジェクト」の調査によると、いじめや差別への不安は二〇一八年でも回答者の五五%が感じているという(https://fukushima-child-health.jimdo.com/%E7%A0%94%E7%A9%B6%E6%88%90%E6%9E%9C/ 二〇一八年四月三〇日アクセス)。

82 転職がしにくいというのは、終身雇用制度の名残りがある日本の特徴でもある。

83 高木俊介『精神医療の光と影』日本評論社、二〇一二年。

84 後藤忍「福島県環境創造センター交流棟の展示説明文の内容分析」『福島大学地域創造』第二八巻第二号、二七‐四一頁、二〇一七年二月、参照。

85 小寺隆幸「ベラルーシのチェルノブイリ汚染地域の子どもの「保養」と福島の課題」『環境教育学研究――東京学芸大学環境教育研究センター研究報告』№26、二〇一七年、六五‐八三頁、参照。

86 奥田均「福島差別――もうひとつの原発事故問題」『部落解放』六五九号、五九‐七三頁では、二〇一二年時点でこの点について警鐘を鳴らしている。

87 新潟日報モア「新潟水俣環境賞作文コンクール 3人が優秀賞に」(http://www.niigata-nippo.co.jp/info/writing-minamata/prize2.html 二〇一八年四月三〇日アクセス)。

88 「ひまわりプロジェクト」(http://www.nposhalom.net/cn7/pg301.html 二〇一八年四月二日アクセス)。

89 CAP(キャップ)とは、"Child Assault Prevention"=「子どもへの暴力防止」の頭文字を取った呼称である。

90 明治初期(一八七〇年代後半から八〇年代)、藩閥政府に反対し、参政権、言論や集会の自由、地方自治の権利などを主張した全国的な運動。憲法制定、国会開設に至る状況をつくった。

91 チェルノブイリ法では「国家の責任」が明確に示されている。

参考文献

蟻塚亮二・須藤康弘『3・11と心の災害――福島にみるストレス症候群』大月書店、二〇一六年。

飯田市歴史研究所編『満州移民――飯田下伊那からのメッセージ』現代史料出版、二〇〇九年。

池田恵子「災害リスク削減のジェンダー主流化――バングラデシュの事例から」『ジェンダー研究』第一五号、二〇一二年。

石牟礼道子『新装版　苦海浄土』講談社、二〇〇四年。

「いつかはあなたの街のことに　原発と優生思想」制作実行委員会『いつかはあなたの街のことに　原発と優生思想』二〇一六年。

一般社団法人日本原子力産業協会「ベラルーシ・ウクライナにおけるチェルノブイリ事故後の復興状況調査結果について」二〇一二年二月（http://www.jaif.or.jp/ja/news/2012/jaif_chernobyl-report120210.pdf　二〇一八年三月二九日アクセス）。

一般社団法人満蒙開拓平和記念館『満蒙開拓平和記念館（図録）』二〇一七年。

今井正之・大島秀彦・川岸富希子・吉田克己・北畠正義「四日市における公害認定患者の状況」『日本衛生学雑誌』第二六巻第四号、一九七一年一〇月（https://www.jstage.jst.go.jp/article/jjh1946/26/4/26_4_386/_pdf　二〇一八年四月四日アクセス）。

今中哲二・飯舘村初期被曝評価プロジェクト「飯舘村住民の初期外部被曝量の見積もり」『科学』二〇一四年三月号、岩波書店。

岩本由輝「近世陸奥中村藩における浄土真宗信徒移民の導入」『村落研究』第一七巻第二号、二〇一一年。

Ｗｅｄｇｅ編集部「放射能と子宮頸がんワクチン　カルト化からママを救う　対談　開沼博×村中璃子（後篇）」二〇一六年四月二一日（http://wedge.ismedia.jp/articles/-/6618　二〇一八年四月三〇日アクセス）。

ウクライナ緊急事態省「チェルノブイリ事故から25年――将来へ向けた安全性２０１１年ウクライナ国家報告」今中哲二監修、進藤眞人監訳、二〇一六年一月（http://www.rri.kyoto-u.ac.jp/PUB/report/04_kr/img/ekr005.pdf　二〇一八年二月二七日アクセス）。

浦崎貞子「ジェンダーの視点から見る新潟水俣病――「妊娠規制」「授乳禁止」の検証と考察」『現代社会文化研究』第三四号、二〇〇五年。

ウルリッヒ・ベック『危険社会――新しい近代への道』東廉・伊藤美登里訳、法政大学出版局、一九九八年。

ＮＨＫスペシャル『メルトダウン』取材班『福島第一原発1号機冷却「失敗の本質」』講談社、二〇一七年。

Ｅｒｉｎ「「冷静に」なんてなりません！」（https://note.mu/erinadinfinitum/n/nbe3646e6835b　二〇一八年三月一八日アクセス）。

大阪市「大阪市転地療養事業実施要綱」（http://www.city.osaka.lg.jp/kenko/page/0000206823.html　二〇一八年三月一八日アクセス）。

大橋由香子「しがらみ、なりゆき、あきらめの中での、一人ひとりの選択を大事にしたい」近藤和子・大橋由香子編『福島原発事故と女たち』梨の木舎、二〇一二年。

奥田知志・稲月正・垣田裕介著・堤圭史郎『生活困窮者への伴走型支援——経済的困窮と社会的孤立に対応するトータルサポート』明石書店、二〇一四年。

奥田均「福島差別——もうひとつの原発事故問題」『部落解放』六五九号、二〇一二年、五九-七三頁。

小沢牧子・中島浩籌『心を商品化する社会——「心のケア」の危うさを問う』洋泉社、二〇〇四年。

尾松亮『3・11とチェルノブイリ法——再建への知恵を受け継ぐ』東洋書店、二〇一三年。

影浦峡『信頼の条件——原発事故をめぐることば』岩波書店、二〇一三年。

河崎健一郎×荻上チキ「「被曝を避ける権利」を求めて」SYNODOS、二〇一四年三月三日（https://synodos.jp/fukkou/7263/4　二〇一八年三月二〇日アクセス）。

川崎市「指定施設利用（転地療養）事業実施要綱」（http://www.city.kawasaki.jp/templates/outline/cmsfiles/contents/0000008/8184/shiteishisetuyoukou.pdf　二〇一八年四月二九日アクセス）。

環境省「公害保健福祉事業の実施について」（http://www.env.go.jp/hourei/14/000059.html　二〇一八年三月一八日アクセス）。

——「除染実施区域（市町村除染）の概要・進捗　福島県福島市」二〇一八年二月末時点（http://josen.env.go.jp/zone/details/fukushima_fukushima.html　二〇一八年四月二二日アクセス）。

——「除染とは何か?」（http://josen.env.go.jp/about/method_necessity/decontamination.html　二〇一八年二月二六日アクセス）。

関西学院大学災害復興制度研究所・東日本大震災支援全国ネットワーク（ＪＣＮ）・福島の子どもたちを守る法律家ネットワーク（ＳＡＦＬＡＮ）編『原発避難白書』人文書院、二〇一五年。

木村真三『「放射能汚染地図」の今』講談社、二〇一四年。

黒川祥子『「心の除染」という虚構』集英社、二〇一七年。

黒川祐次『物語　ウクライナの歴史——ヨーロッパ最後の大国』中央公論新社、二〇〇二年。

『現代思想』二〇一四年七月号（特集＝ロシア——帝政からソ連崩壊、そしてウクライナ危機の向こう側）青土社。

ゴー！ゴー！ワクワクキャンプ報告書編集チーム『ゴーワクのちから』二〇一一-二〇一七年。

国土技術研究センター「国土を知る／意外と知らない日本の国土」（http://www.jice.or.jp/knowledge/japan/

commentary12 二〇一八年三月八日アクセス)。

国立大学法人福島大学うつくしまふくしま未来支援センター『第２回双葉郡住民実態調査』(http://fure.net.fukushima-u.ac.jp/wp-content/uploads/2018/02/d78775091507d436d30da9da35deb28.pdf 二〇一八年四月一〇日アクセス)。

国立大学法人北海道大学リスコミ職能教育プロジェクト『食と農のリスクコミュニケーションハンドブック』二〇一七年。

小寺隆幸「ベラルーシのチェルノブイリ汚染地域の子どもの「保養」と福島の課題」『環境教育学研究――東京学芸大学環境教育研究センター研究報告』№26、二〇一七年、六五―八三頁。

後藤忍「福島県環境創造センター交流棟の展示説明文の内容分析」『福島大学地域創造』第二八巻第二号、二〇一七年二月。

小森田秋夫訳「チェルノブイリ原子力発電所における大災害の結果として放射線の影響を被った市民の社会的保護についての法律」(http://ruseel.world.coocan.jp/Chernobyllaw.htm 二〇一八年二月二八日アクセス)。

齋藤純一『不平等を考える――政治理論入門』筑摩書房、二〇一七年。

齋藤直子『結婚差別の社会学』勁草書房、二〇一七年。

在ベラルーシ日本国大使館「『ソヴィエツカヤ・ベロルシヤ』紙への記事投稿」二〇一六年五月二三日(http://www.by.emb-japan.go.jp/itpr_ja/sakura2016_articlej.html 二〇一八年二月二八日アクセス)。

３１１受入全国協議会『二〇一四年度夏の自然体験・交流活動実施に関する報告会報告書』二〇一四年。

サンドロヴィッチ・ティムール「ウクライナにおける信頼性の喪失の問題――現代ウクライナの国民は何を信頼しているのか?」『トランジショナルな社会における親密権・公共圏の再編成から学ぶ――ハンガリー・ウクライナ・ポーランド・スロバキア・中国を事例として』京都大学文学研究科グローバルCOEプログラム「親密圏と公共圏の再編成を目指すアジア拠点」次世代ユニットワーキングペーパー第八二号、二〇一一年。

――「チェルノブイリ原子力発電所の事故後の、被災者の生活・就労、健康被害に対する支援策」『海外社会保障研究』一八八号、国立社会保障・人口問題研究所、二〇一四年、二四―三五頁。

ＪＤＦ被災地障がい者支援センターふくしま制作『証言集３・11あの時の決断は……本当の〝自己選択〟に翻弄され、その苦悩の中で闘い続けた『障がいを持つFukushima 人』の苦悩』二〇一三年。

島薗進『ポストモダンの新宗教――現代日本の精神状況の底流』東京堂出版、二〇〇一年。

清水奈名子「意思決定とジェンダー不平等――福島原発事故後の「再建」過程における課題」『Fukushima Global Communication Programme Working Paper Series』二〇一五年。

社団法人日本医師会「文部科学省「福島県内の学校・校庭等の利用判断における暫定的な考え方」に対する日本医師会の見解」二〇一一年五月一二日（http://dl.med.or.jp/dl-med/teireikaiken/20110512_31.pdf 二〇一八年二月二七日アクセス）。

白石草『ルポ　チェルノブイリ　28年目の子どもたち――ウクライナの取り組みに学ぶ』岩波書店、二〇一四年。

鈴木一正「福島原発事故による放射能からの保養プログラムの実施状況――二〇一六年夏休みと二〇一三年夏休みの比較」子どもと自然学会編『子どもと自然学会誌』第一二巻第一号、二〇一七年。

関口はつ江編著『東日本大震災・放射能災害下の保育――福島の現実から保育の原点を考える』ミネルヴァ書房、二〇一七年。

関谷直也『風評被害――そのメカニズムを考える』光文社、二〇一一年。

添田孝史『東電原発裁判――福島原発事故の責任を問う』岩波書店、二〇一七年。

成元哲「「新しい日常」への道のり――福島県在住者の多様な選択を可能にする支援策」『世界』二〇一八年四月号、岩波書店。

高木俊介『精神医療の光と影』日本評論社、二〇一二年。

髙橋若菜「福島県外における原発避難者の実情と受入れ自治体による支援――新潟県による広域避難者アンケートを題材として」『宇都宮大学国際学部研究論集』二〇一四年第三八号（http://cmps.utsunomiya-u.ac.jp/fsp/wakanasensei-ronbun.pdf 二〇一八年四月二二日アクセス）。

髙橋若菜・田口卓臣編『お母さんを支えつづけたい――原発避難と新潟の地域社会』（マイブックレット №28）本の泉社、二〇一四年。

武谷三男『安全性の考え方』岩波書店、一九六七年。

竹森正孝訳「ウクライナの「チェルノブイリ法」」『ＪＳＡ ｅマガジン』№24、二〇一七年（http://jsa-tokyo.jp/booklet/2017122401.pdf 二〇一八年二月二八日アクセス）。

立岩陽一郎・揚井人文『ファクトチェックとは何か』岩波書店、二〇一八年。

伊達市「移動教室フォーラムを開催」（http://www.city.fukushima-date.lg.jp/site/education/9835.html 二〇一八年四月二二日アクセス）。

田中東子・山本敦久・安藤丈将編著『出来事から学ぶカルチュラル・スタディーズ』ナカニシヤ出版、二〇一七年。

チェルノブイリ２０１６ツアー参加者有志『想定外――ゲンロン・H.I.Sチェルノブイリツアー２０１６記録集』二〇一七年。

チェルノブイリ・ヒバクシャ救援関西「チェルノブイリ・ヒバクシャとともに　25年のあゆみ」二〇一一年。

――『ジュラーヴリ』一〇四号、二〇一六年二月八日。

辻内琢也「原発事故がもたらした精神的被害――構造的暴力による社会的虐待」『科学』二〇一六年三月号、岩波書店。

鶴見俊輔「言葉のお守り的使用法について」『ことばと想像　鶴見俊輔コレクション４』河出書房新社、二〇一三年（初出『思想の科学』一九四六年五月）。

電子政府の総合窓口（e-Gov）「公害健康被害の補償等に関する法律」（http://elaws.e-gov.go.jp/search/elawsSearch/elaws_search/lsg0500/detail?lawId=348AC0000000111&openerCode=1 二〇一八年三月一八日アクセス）。

特定非営利活動法人情報公開クリアリングハウス「特定避難勧奨地点の指定・解除に関する文書」二〇一四年一二月二九日（https://clearing-house.org/?p=983 二〇一八年三月一五日アクセス）。

直野章子『被ばくと補償』平凡社、二〇一一年。

西村一郎『福島の子ども保養――協同の力で被災した親子に笑顔を』合同出版、二〇一四年。

はかる、知る。放射線見える化プロジェクト「はかる、知る。奥多摩」（http://kodomira.com/HSF/report/tokyo/entry-12658.html 二〇一八年三月一八日アクセス）。

「8／10おしゃべり会　脱原発！　どう考える？「母だから」「子どもに障害が……」」『SOSHIREN ニュース』二九八号、二〇一一年。

服部倫卓・越野剛編著『ベラルーシを知るための50章』明石書店、二〇一七年。

馬場朝子・尾松亮『原発事故　国家はどう責任を負ったか――ウクライナとチェルノブイリ法』東洋書店新社、二〇一六年。

林博史『沖縄戦　強制された「集団自決」』吉川弘文館、二〇〇九年。

原田正純『水俣病』岩波書店、一九七二年。

日野行介・尾松亮『フクシマ6年後　消されゆく被害――歪められたチェルノブイリ・データ』人文書院、二〇一七年。

平川秀幸『科学は誰のものか――社会の側から問い直す』ＮＨＫ出版、二〇一八年。

――「子ども・被災者支援法の「意義」を掘り起こす――リスクアバナンスのデュープロセスともう一つの権利侵害」『科学』二〇一七年三月号、岩波書店。

広河隆一（写真）、ヴャチェスラフ・マクシンスキー（講演）「特集　チェルノブイリ原発事故後の実践例に学ぶ子どもを守る方法」『DAYS JAPAN』二〇一三年二月号、デイズジャパン。

福島県教育庁社会教育課「ふくしまっ子自然体験・交流活動支援事業」（http://www.syakai.fks.ed.jp/project7/project7.html 二〇一八年四月二三日アクセス）。

福島県教職員組合放射線教育対策委員会・科学技術問題研究会編著『子どもたちのいのちと未来を守るために学ぼう　放射能の危険と人権』明石書店、二〇一二年。

福島県生活協同組合連合会・福島県ユニセフ協会・福島大学地域環境論研究室「福島の子ども保養プロジェクト活動五年レポート二〇一六年度」（http://fukushimakenren.sakura.ne.jp/wp-content/uploads/2012/07/148fd07b10f0c043c25ba6cf13ec4e96.pdf 二〇一八年三月二三日アクセス）。

福島県保育連絡会『福島の保育――2011・3・11とその後の福島の子どもたち』二〇一二年。

――――『福島の保育――震災・原発事故から5年　福島の子どもたち』、二〇一七年。

福島県立医科大学『福島県「県民健康調査」報告（平成二三年度～二五年度）』二〇一五年（http://fukushima-mimamori.jp/outline/report/media/report_h26.pdf 二〇一八年三月一六日アクセス）。

福島保養キャンプinみえ実行委員会「～あの日から～」二〇一五年。

復興庁「子ども被災者支援法関連施策について」（http://www.reconstruction.go.jp/topics/main-cat2/kodomo H27yosan.pdf 二〇一八年四月二日アクセス）。

ベッセル・ヴァン・デア・コーク『身体はトラウマを記録する――脳・心・体のつながりと回復のための手法』柴田裕之訳、紀伊國屋書店、二〇一六年。

ベラルーシ共和国非常事態省チェルノブイリ原発事故被害対策局編『チェルノブイリ原発事故　ベラルーシ政府報告書［最新版］』日本ベラルーシ友好協会監訳、産学社、二〇一三年。

ポール・ギルロイ『ユニオンジャックに黒はない――人種と国民をめぐる文化政治』田中東子・山本敦久・井上弘貴訳、月曜社、二〇一七年。

本堂毅他編『科学の不定性と社会――現代の科学リテラシー』信山社、二〇一七年。

リフレッシュサポート『保養実態調査――調査結果報告書』二〇一六年（http://www.311ukeire.net/img/chousa.pdf）。

――――『第二回保養実態調査――調査結果報告書』二〇一八年（リフレッシュサポートウェブサイト https://refreshsupport.wordpress.com/ で公開）。

前田正治「福島の心のケア――廃炉まで40年、息の長い支援始まる」『週刊日本医事新報』第四七九六号、日本医事新報社、二〇一六年。

見附市「2年ぶりの屋外プール授業　伊達市小学校移動教室」（二〇一六年六月一八日）（http://www.city.mitsuke.niigata.jp/6866.htm 二〇一八年三月一七日アクセス）。

宮本憲一監修、遠藤宏一・岡田知弘・除本理史編著『環境再生のまちづくり――四日市から考える政策提言』ミネルヴァ書房、二〇〇八年。

村上勝三・東洋大学国際哲学研究センター編著『ポストフクシマの哲学――原発のない世界のために』明石書店、二〇一五年。

室田元美「保養という選択肢を用意する意味――疋田香澄（リフレッシュサポート代表）」『あれから7年、福島の現実』（社会運動No.429）ほんの木、二〇一八年。

森達也「書評　齋藤純一著『不平等を考える――政治理論入門』」『ピープルズ・プラン』七七号、二〇一七年。

師岡康子『ヘイト・スピーチとは何か』岩波書店、二〇一三年。

文部科学省「リフレッシュ・キャンプについて」（http://www.mext.go.jp/a_menu/sports/ikusei/taiken/ 1329029.

htm 二〇一八年三月八日アクセス)。

――「東京電力株式会社福島第一、第二原子力発電所事故による原子力損害の範囲の判定等に関する中間指針」二〇一一年八月五日(http://www.mext.go.jp/b_menu/shingi/chousa/kaihatu/016/houkoku/__icsFiles/afieldfile/2011/08/17/1309452_1_2.pdf 二〇一八年三月二九日アクセス)。

山下祐介・市村高志・佐藤彰彦『人間なき復興――原発避難と国民の「不理解」をめぐって』筑摩書房、二〇一六年。

唯物論研究協会編『現在の〈差別〉のかたち』(唯物論研究年誌)大月書店、二〇一七年。

優生手術に対する謝罪を求める会編『[増補新装版]優生保護法が犯した罪――子どもをもつことを奪われた人々の証言』現代書館、二〇一八年。

除本理史『公害から福島を考える――地域の再生をめざして』岩波書店、二〇一六年。

吉田千亜『ルポ 母子避難――消されゆく原発事故被害者』岩波書店、二〇一六年。

四日市公害と環境未来館「四日市公害について」(http://www.city.yokkaichi.mie.jp/~yk-ykkn/pollution_01_aramashi.html 二〇一八年四月二九日アクセス)。

米津知子・大橋由香子「ジェンダーからみた〈障害〉」『現代思想』(特集=障害者――施策と実践)二〇一七年五月号、青土社。

レベッカ・ソルニット『災害ユートピア――なぜそのとき特別な共同体が立ち上がるのか』高月園子訳、亜紀書房、二〇一〇年。

Alexios Mantzaris, "Is It Time to Completely Rethink Fact-checking?" *Poynter*, 31 March 2017. (https://www.poynter.org/news/it-time-completely-rethink-fact-checking 二〇一八年三月一九日アクセス)。

Angelique M. Davis & Rose Ernst, "Racial gaslighting," *POLITICS, GROUPS, AND IDENTITIES*, 2017. (https://doi.org/10.1080/21565503.2017.1403934 二〇一八年四月二九日アクセス)。

Jill Filipovic, "Justice Ginsburg's Distant Dream of an All-female Supreme Court," *TheGuardian*, 30 November 2012. (https://www.theguardian.com/commentisfree/2012/nov/30/justice-ginsburg-all-female-supreme-court 二〇一八年三月二〇日アクセス)。

Nicole Dular, "Moral Testimony under Oppression," *Journal of Social Philosophy*, vol. 48, No.2, 2017, pp. 212-236.

Wilson Lowrey, "The Emergence and Development of News Factchecking Sites," *Journalism Studies*, vol. 18, issue 3, pp. 376-394.

Электронный фонд правовой и нормативно-технической документации, О социальной защите граждан, подвергшихся воздействию радиации вследствие катастрофы на Чернобыльской АЭС (в редакции Закона РФ от 18.06.1992 N 3061-1) (с изменениями на 16 марта 2018 года).(http://docs.cntd.ru/document/9034360 二〇一八年四月二一日アクセス)。

おわりに

「七年目にやっと保養に出られた」

二〇一七年も、いくつかの保養キャンプでボランティアをした。そのときに、出会ったお母さんが言った言葉が耳に残っている。

「七年目にやっと保養に出られた」

聞くと、シングルマザーで介護をしながら子育てをしているという。日程が合わなかったり抽選に外れたりすることが積み重なって、ようやく参加できた彼女は、こう続けた。

「二泊三日保養に出ても意味がないと分かってるんですけど、こういうことが起きて、ただ黙って受け入れるだけじゃなくて、せめて自分が子どものために何かやったと思いたかったんです」

そういう言葉を聞くと、保養はこれからも続けていかなければならないのではないかといつも思う。

念のため私自身の利益相反について記す。まず、七年間続けた保養支援などはすべてボランティア活動であり、持ち出しをすれどそれにより定期収入を得たことはない。原発関連団体、政治団体など特定の団体に所属したこともない。このテーマに関して依頼されてコラム等の原稿料が生じた場合は、関連団体に寄付をした。仕事はこういった活動に関係のない分野で就業しており、支援活動で得た人脈等を利用したことはない。それが社会貢献活動の正しいあり方だと考えているわけではない。ただシンプルに「追加被ばくを回避したい人」のニーズと選択に合わせて支援をしていただけなのだが、それが思いのほか困難な課題だったためである。事故後七年間、小さなことが簡単に疑心暗鬼や分断につながり、利害関係を排しないでこういった活動に取り組むことが、私個人にとっては難しかった。そして、経済的な事情と進路上の理由から、これから二年間はボランティアを縮小する予定である。

保養は主に民間ボランティアで行われてきたため、制約のある支援活動でもあった。あるときアメリカの研究者から「支援とは誰に対しても公平であるべきなのに、なぜ個々の保護者の判断に頼った形での支援を行うのか。子どものためというならば、一律に支援するべきではないか」と指摘されたこともあった。なぜそうできなかったかについては、本書をご覧いただいた方には分かっていただけるだろう。しかし、そういった反省も踏まえ、本書の初版売り上げの著者印税分を保養の支援に充てるとともに福島県内の児童養護施設に寄付する。

ボランティアであっても私は保養支援の関係者だ。誹謗中傷を受けたあと、何人もの福島やその周辺のお母さんたちが「盾にしてごめんね」と連絡をくれた。「攻撃される的は多いほうがいいから、私も的になる」と言ってくれたお母さんもいた。私はそのとき「盾にはなりたいけれど、剣にはなりたくない。または、当事者の人を剣にもしたくない」と思った。ある考え方の当事者を攻撃するために、外部の者がまた別の考えの当事者を連れてくる。そんなことが七年間、何度も行われてきたように思う。そのたびに、傷つく人たちを見てきた。私は、それぞれの当事者の考え方や立場の違いが尊重される社会になってほしいと願って、本書を書いた。サブタイトルははじめ「原発事故後の「避難」と「復興」の間で」としていた。しかし避難者の方から「避難と復興を二項対立にしないでほしい」という意見をいただいた。また、在住者の方から「国の方針や復興政策を批判するのはよいが、郷土愛や「復興したい」という気持ちは批判しないでほしい」といった声もあった。話し合いながら、改めて複雑な問題なのだと気づいた。そして曖昧ではあるが、代わりに「ともに」という言葉を用いた。

もし本書が、育っていく子どもたち、がんばってきた保護者さんたち、八年目も選択肢として続く保養支援者たちにエールを送るようなものになっていたら嬉しく思う。

当事者研究の対象者になったことがある知人が「自分の問題を他人に勝手に整理されたり、勝手に理解した気分になられたくない」とつぶやいたことがあった。その言葉を郡山駅で聞いたあと、私は数日考え込んだ。私もまたこの本で他人の問題を「勝手に整理」しようとしている。本書は現実や当事者や支援者のほんの一部の問題しか描けていない。本書に出てくるインタビューは事故当時の話が多いためトーンが暗くなってしまったが、保養キャンプ自体はリフレッシュできるフランクな空間として存在しており、とくに子どもにとっては「単純に楽しかった」という思い出として残っているようだ。「不安」という言葉も多用したが、「不安とかつらいとかじゃなくて、私は笑顔で「無用な被ばくはヤダ！」と言いたい」と語るお母さんたちもいた。一人ひとり、過ごしてきた七年間や思いは異なり多様性がある。しかしそれでも原発事故後の「権利」を改めてとらえ直す意味があると考えて書いた。そこにともなう権力性や暴力性は自覚したい。

次に原発事故が起きたら

日ごろ「次に原発事故が起きたら」と考えて、支援者同士で「次はもっと良い支援ができるのではないか」と話し合うことがある。できるだけ混乱は起こさず初期被ばくは少なくしようとか、次は保養のスキルが上がっているので大丈夫とか。また、次に原発事故が起きたら自ら保養支援をしたいという子どもたちにも大勢会ってきた。そんな状況に甘えていたのだと思うが、ある高校生と話していたときに「次に原発事故が起きたら」と言ってしまったことがあった。そのときに彼女の顔色が変わった。

「またここで？　別の場所で？」

不安が顔に出ていた。私は、口に出すべき言葉ではなかったと反省して謝った。帰り道、福島からの新幹線の中で、とにかく二度と原発事故を起こしてはいけないのだと誓った。

謝辞

まず、本書執筆にあたって、インタビューに応じてくださった皆様に深く感謝申し上げたい。一行のコメントや議論、実践などについても、すべてご本人に使用許可の確認をさせていただいた。その結果、一二〇人近くの方にご協力をいただいた。すべての方が「自分の経験が役に立つなら」とご快諾くださり大変うれしかった。

保養というマイナーな活動の社会的意義を認めてくださり、本書執筆の機会を与えてくださった人文書院と、編集者の赤瀬智彦様にもお礼を申し上げたい。

日ごろの支援活動を支えてきてくださった皆様、出版企画にいたるまでのアドバイスをしてくださった皆様にもこの場を借りて改めて感謝を表したい。

本来は一人ひとりの子どもたち、保護者の方々、支援者の方々に直接お話を聞きにいくべきであったが、さまざまな制約から十分に行えなかったことをお詫び申し上げたい。この問題に関心を寄せてくださった、まだ会ったことがない方々にも感謝を込めて。

二〇一八年六月

疋田香澄

著者略歴

疋田香澄（ひきた　かすみ）

1986年生まれ。早稲田大学第二文学部卒業。東日本大震災直後より、子どもや母親たちと向き合いながら支援をつづける。保養キャンプの主催、現地での相談会開催、支援情報の提供、保養実態調査、避難者支援、支援の全国ネットワーク運営などを行ってきた。リフレッシュサポート代表。著書に『ポストフクシマの哲学』（明石書店、共著）がある。

原発事故後の子ども保養支援
――「避難」と「復興」とともに

二〇一八年七月三〇日　初版第一刷印刷
二〇一八年八月一〇日　初版第一刷発行

著　者――疋田香澄
発行者――渡辺博史
発行所――人文書院
〒六一二―八四四七
京都市伏見区竹田西内畑町九
電話　〇七五（六〇三）一三四四
振替　〇一〇〇〇―八―一一〇三

装　幀――間村俊一
印　刷――創栄図書印刷株式会社

ISBN978-4-409-24121-9　C0036